"十四五"职业教育国家规划教材

U0102375

（第3版）

发动机电控系统原理与维修

总主编　周乐山
主　编　张海泉　高菊花

产教融合　项目教学型教材

FADONGJI DIANKONG XITONG

YUANLI YU WEIXIU

北京师范大学出版集团
BEIJING NORMAL UNIVERSITY PUBLISHING GROUP
北京师范大学出版社

图书在版编目(CIP)数据

发动机电控系统原理与维修/张海泉,高菊花主编.—3 版.—北京:北京师范大学出版社,2021.1(2024.2 重印)

ISBN 978-7-303-25944-1

Ⅰ.①发… Ⅱ.①张…②高… Ⅲ.①汽车—发动机—电子系统—控制系统—理论—中等专业学校—教材②汽车—发动机—电子系统—控制系统—车辆修理—中等专业学校—教材 Ⅳ.①U472.43

中国版本图书馆 CIP 数据核字(2020)第 105177 号

图书意见反馈:gaozhifk@bnupg.com　010-58805079
营销中心电话:010-58802755　58800035
编 辑 部 电话:010-58806368

出版发行:北京师范大学出版社　www.bnupg.com
　　　　　北京市西城区新街口外大街 12-3 号
　　　　　邮政编码:100088
印　　刷:鸿博睿特(天津)印刷科技有限公司
经　　销:全国新华书店
开　　本:787 mm×1092 mm　1/16
印　　张:17.5
字　　数:336 千字
版　　次:2021 年 1 月第 3 版
印　　次:2024 年 2 月第 7 次印刷
定　　价:49.80 元

策划编辑:庞海龙　　　　　责任编辑:马力敏
美术编辑:焦　丽　　　　　装帧设计:焦　丽
责任校对:康　悦　　　　　责任印制:陈　涛

出版说明

本套教材是在汽车维修行业专家、企业专家、课程专家的精心指导下，结合汽车维修企业生产岗位和工作实际开发的。本套教材紧紧围绕汽车售后维修企业的职业工作需求，以就业为导向，以技能训练为中心，以"更加实用、更加科学、更加新颖"为编写原则，旨在探索理论与实践一体化的教学模式，具有如下特色：

1. 教材编写理念。借鉴"行动导向"的教学模式，以学生为主体，以教师为指导，以提高学生职业技能和创新能力为目标，理论紧密联系实践。理论知识以必备、够用为度，技能训练面向岗位需求，注重结合汽车后市场服务岗位群和维修岗位群的岗位知识与技能要求，使学生学完每一本教材后，都能获得该教材所对应的职业岗位能力。

2. 教材结构体系。根据汽车维修职业岗位工作需求，采用项目、任务两个层级，实施项目导向、任务驱动的模式构建课程体系。理论教学和技能训练有机融合，专业学习和"1＋X"考证有机融合，实践教学与岗位培训有机融合，系统性和模块化有机融合，方便不同地区、不同专业、不同条件、不同层次的学生或人员剪裁选用。

3. 教材内容组织。精选对学生有用的基础理论和基本知识，突出实用性、新颖性，以我国保有量较大的轿车为典型，引入现代汽车新技术、新工艺、新规范，结合典型车型维修手册，加强"任务实施"内容的编写。在教学中坚持立德树人，德技并修，将规范操作、5S管理、良好的职业素养理念融入专业课程教学内容之中。引导教师在"做中规范地教"，学生在"学中规范地做"。教学内容突出典型工作任务，任务实施注重以实例为引导，激发学生的学习兴趣，符合学生的认知规律。

4. 教材编排形式。本套教材图文并茂，采用四色印刷。教材编排通俗易懂、简明实用、由浅入深，符合职业院校学生的心理特点。每一项目均配有"项目概述"，让学习者知道本项目要学习的任务和在"知识、技能、行为习惯和职业素养"四个方面应达到的要求。每一个任务都有具体的学习目标，配有技术规范、有安全提示的任务实施步骤，力求做到科学、规范、明晰。教材最后配有课程评价，便于学生对课程教学提出建议和专业教师教学素质提升。

5. 教材配套资源。每本教材都配有学生工作手册和数字化教学资源，教学资源主要包括教学视频、电子教案、教学课件等。配套资源可方便广大教师组织教学，也可方便广大读者学习。

由于编写人员能力有限，教材中不足之处在所难免，恳请各位读者批评指正。

汽车运用与维修专业项目化课程编写指导委员会

序

据公安部统计，2021年全国机动车保有量达3.95亿辆，其中汽车3.02亿辆。我国已经进入了飞速发展的汽车社会新时代，汽车维修业也成为与广大人民群众日常生活息息相关的现代服务业。随着国家对职业教育的重视和投入的增加，我国的汽修职业教育取得了快速发展，为社会输送了一大批在汽修一线工作的高技术技能型人才，从一定程度上突破了汽车维修人才紧缺的瓶颈。但同时应该看到，汽车电动化、智能化、网联化和共享化的快速推进，打破了人们对传统汽车的理解，对汽车维修人才也提出了更高的要求。教育是国之大计、党之大计。培养什么人、怎样培养人、为谁培养人是教育的根本问题，育人的根本在于立德。全面贯彻党的教育方针，落实立德树人根本任务，培养德智体美劳全面发展的社会主义建设者和接班人，坚持以人民为中心发展教育，加快建设高质量教育体系，发展素质教育，促进教育公平。加强企业主导的产学研深度融合，坚持学思用贯通、知信行统一。这就需要我们工作在职业教育一线的专家、教师在习近平新时代中国特色社会主义思想指导下，创新教育理念，改革教学模式，优化专业教材，为党育人、为国育才，培养出真正符合党和国家要求的高技术技能型汽修人才。

教学模式的创新，得益于先进的课程理念，先进的课程理念需要一套完整的课程方案和配套的课程资源来体现，近几年，在企业、行业专家和课程专家的指导下，北京师范大学出版社开发了一整套汽车运用与维修专业的项目化教材，并不断完善和更新。相比以往的职业教育汽车运用与维修专业教材，这套教材有许多特点和亮点，主要体现在：

1. 面向职教。教材作者均来自汽车维修专业教学一线，有多年从事专业课教学的经验，大多数参编者都亲自参加过职业院校汽车运用与维修技能大赛的教师组比赛项目，并取得了优异的成绩。因此，在教材的编写过程中，他们能紧扣汽车运用与维修专业的培养目标，并借鉴全国职业院校汽车运用与维修技能大赛所提出的能力要求，把维修行业的规范、安全、环保、高效、服务、合作、敬业等理念贯穿于专业技能训练的项目之中，符合当前汽车后市场对人才的综合素质要求。

2. 难易适度。本套教材汲取了宝马、丰田、上海通用等知名汽车企业培训教材的精华，着重强调结论性、应用性强的必备基础理论知识，使得教材整体理论知识的学习难度降低，同时又保证学生在分析和解决实际问题时能具有一定的理论基础，这符合职业院校学生的认知特点。

3. 实用性强。本套教材体例实用，并配有学生工作手册，力求把知识传授、技能训练、行为习惯培养和职业素养养成融为一体，有利于学生综合素质的提升，使学生能够运用所学的基本知识举一反三、触类旁通，同时也为学生后续学习奠定基础。教材中精选了典型的工作任务，并配有工艺化的任务实施流程，旨在培养学生正确使用工具和设备解决实际问题的能力，达到学生毕业后即可胜任汽车后市场相应工作岗位的技能和素质要求。

4. 静动并举。本套教材在理论知识讲解和具体工作任务实施中采用了大量的实物图，教材采用四色印刷，在文字描述方面力求简洁规范、通俗易懂，在关键知识点的理论讲解和具体工作任务实施时配有教学视频、动画演示等数字化资源，激发了学生的学习兴趣，降低了学习难度，方便学生自我完善和自我提高。

这套教材的推广使用，将有助于职业院校汽车运用与维修专业教学质量和能力的提高。希望大家多提宝贵意见和建议，也希望我国的职业教育事业越办越好。

前言

党的二十大报告指出：加快建设国家战略人才力量，既要努力培养更多"大师、战略科学家、一流科技领军人才和创新团队、青年科技人才"，也要努力造就更多"卓越工程师、大国工匠、高技能人才"。

随着我国汽车工业的高速发展，发动机电控技术已经得到广泛采用。尽管我国汽车维修各类企业已初具规模，但和迅速发展的汽车用户市场还有一定差距。汽车维修技工中真正掌握汽车发动机电控系统检修的优秀技工不足20％，发动机电控系统的故障投诉已经成为汽车消费投诉的热点之一。"买车容易修车难"状况有可能阻碍汽车业的进一步发展，而随着家用汽车的增加和人们对国有品牌的支持，越来越多的国有品牌像吉利、奇瑞、长安、长城等被大家所青睐，这更意味着提高维修人员的技术水平，规范地进行汽车发动机电控系统检测与维修是当务之急。

"电控发动机构造与维修"是职业院校汽车运用与维修专业的一门必修课程，为了使学生更好、更全面地了解汽车各电控系统的基本结构与基本操作任务，我们编写了这本教材。本书简化了对理论知识的过多讲解，通过图文并茂的形式，详细介绍了发动机电控系统维修过程中所涉及的工作任务。

本书具体学习任务及学时建议见下表：

序号	项目名称	学习任务	参考学时
项目1	汽油发动机电子控制技术认知	2	6
项目2	汽油机电控燃油喷射系统检修	9	37
项目3	电控点火系统的检修	4	16
项目4	汽车排放污染物控制系统	4	13
合计		19	72

本书由张海泉、高菊花任主编。张海泉完成了项目 1 和项目 3 的编写，高菊花完成了项目 2 中任务 1 至任务 6 的编写，乌福尧完成了项目 4 中任务 1 的编写，赵康完成了项目 2 中任务 7 至任务 9 的编写，李海彬完成了项目 4 中的任务 2 至任务 4 的编写，编委会的其他成员都给予了不同程度的帮助。

　　由于我们水平有限，不足之处在所难免，恳请各位读者提出宝贵意见。

目 录

项目 1 PROJECT 汽油发动机电子控制技术认知

项 目 概 述

　　电子技术的迅猛发展为汽车技术的改善提供了条件，在人们对提高汽车综合性能的渴望中，各种车用电控系统应运而生。尊重自然、顺应自然、保护自然，是全面建设社会主义现代化国家的内在要求。必须牢固树立和践行绿水青山就是金山银山的理念，站在人与自然和谐共生的高度谋划发展。而应用在发动机上的电控技术，对节能减排和发动机功率等各方面均产生了非常大的影响。了解发动机电控技术的发展、组成、类型，根据不同故障选择合适的维修工具，是各类维修人员必须掌握的技能。

　　通过本课程的学习，学生要学到如下的知识、技能、行为习惯、职业素养等，并达到相应要求。

序号	学习内容(知识、技能、行为习惯、职业素养等)	评价标准			
		了解知道	理解掌握	指导下操作	独立操作
1	发动机电子控制技术发展和组成的认知		√		
2	电子控制系统常用检修工具及仪器的使用				√

 **发动机电子控制技术发展和组成的认知**

三　维　目　标

知识与技能目标：

(1)了解发动机电控技术的发展和对发动机性能的影响；

(2)能叙述发动机电控系统的控制内容；

(3)能叙述发动机电控系统的组成和基本类型。

过程与方法目标：

(1)学习过程中养成服从指挥的习惯；

(2)养成工作前、工作中和工作后的5S的习惯。

情感态度目标：

(1)学会与同学合作交流，在合作交流的过程中获益；

(2)养成爱岗敬业、团结协作的职业意识。

➔ **必备知识**

一、 发动机电控技术的发展

发动机电控技术的发展始于20世纪60年代，分为三个阶段。

第一阶段，20世纪60年代中期到20世纪70年代中期，主要是为了改善部分性能而对汽车产品进行技术改造，如在车上装了晶体管收音机。

第二阶段，20世纪70年代末期到20世纪90年代中期，为解决安全、污染和节能三大问题，研制出电控汽油喷射系统、电子控制防滑制动装置和电控点火系统。

第三阶段，20世纪90年代中期以后，电子技术广泛应用在底盘、车身和车用柴油发动机多个领域。

2021年我国具有"汽车动力国产大脑"的菱电电控，成功开发出具有自主知识产权的国产EMS系统，实现汽车动力电子控制系统的国产化，打破了国产汽车行业关键技术和部件空心化局面。

二、 电控技术对发动机性能的影响

(1)提高发动机的动力性。

(2)提高发动机燃油经济性。

(3)降低排放污染。

(4)发动机的加速和减速性能。

(5)改善发动机的起动性能。

三、 应用在发动机上的电子控制系统

1. 电子燃油喷射系统（EFI）

作用：根据进气量确定基本喷油量，再根据其他传感器(如冷却液温度传感器、节气门位置传感器等)信号对喷油量进行修正，使发动机在各种运行工况下均能获得最佳浓度的混合气，从而提高发动机的动力性、经济性和排放性。

(1)喷油量控制。使发动机在各种运行工况下，都能获得最佳的喷油量，以提高发动机的经济性和降低排放污染。

(2)喷油正时控制。当发动机采用多点顺序燃油喷射系统时，ECU 除了控制喷油量外，还要根据发动机各缸点火顺序，将喷油时间控制在最佳时刻，以使汽油充分燃烧。

(3)燃油停供控制。减速断油控制——当汽车减速时，ECU 将会切断燃油喷射控制电路，停止喷油，以降低碳氢化合物及一氧化碳的排放量。

限速断油控制——加速时，发动机超过安全转速或汽车车速超过设定的最高车速时，ECU 将切断燃油喷射控制电路，停止喷油，防止超速。

(4)燃油泵控制。当点火开关打开或发动机熄火后，电控燃油喷射系统中的燃油泵一般预先或延迟工作 2～3 s，以保证燃油系统必需的油压。在发动机起动过程和运转过程中，燃油泵应保持正常工作。打开点火开关但不起动发动机，或关闭点火开关后，应适时切断燃油泵控制电路，使燃油泵停止工作。

2. 电控点火系统（ESA）

作用：点火提前角控制。根据各相关传感器信号，判断发动机的运行工况和运行条件，选择最理想的点火提前角点燃混合气，从而改善发动机的燃烧过程，以实现提高发动机动力性、经济性和降低排放污染的目的。

(1)点火提前角控制。在 ECU 存储器中存储着发动机在各种工况下最理想的点火提前角，根据各相关传感器信号，判断发动机的运行工况和运行条件，选择最理想的点火提前角点燃混合气，从而改善发动机的燃烧过程，节约燃料，减少空气污染。

(2)通电时间(闭合角)与恒流控制。点火线圈初级电路在断开时需要保证足够大的断开电

流，以使次级线圈产生足够高的次级电压。

（3）爆震控制。利用爆震传感器检测是否发生爆震，有爆震则推迟点火时刻，无爆震则提前点火时刻，使点火时刻在任何工况都保持最佳值，从而实现点火时刻闭环控制。

3. 怠速控制系统（ISC）

作用：在发动机怠速工况下，根据发动机冷却液温度、空调压缩机是否工作、变速器是否挂入档位等，通过怠速控制阀对发动机的进气量进行控制，使发动机随时以最佳怠速运转。

4. 排放控制系统

作用：主要是对发动机排放控制装置的工作实行电子控制。排放控制的项目主要包括废气再循环(EGR)控制，活性炭罐电磁阀控制，氧传感器和空燃比闭环控制，二次空气喷射控制等。

5. 进气控制系统

作用：主要是根据发动机转速和负荷的变化，对发动机的进气进行控制，以提高发动机的充气效率，从而改善发动机动力性。

6. 增压控制系统

作用：对发动机进气增压装置的工作进行控制。在装有废气涡轮增压装置的汽车上，ECU根据检测到的进气管压力，对增加装置进行控制，从而控制增压装置对进气增压的强度。

7. 巡航控制系统

作用：设定巡航控制模式后，ECU根据汽车运行工况和运行环境信息，自动控制发动机工作，使汽车自动维持一定的车速行驶。

8. 警告提示

作用：由ECU控制各种指示和报警装置，一旦控制系统出现故障，该系统能及时发出信号以警告提示。

9. 自诊断与报警系统

作用：用来提示驾驶人发动机有故障；同时，系统将故障信息以设定的数码（故障码）形式储存在存储器中,以便帮助维修人员确定故障类型和范围。

10. 失效保护系统

作用:主要是当传感器或传感器线路发生故障时,控制系统自动按电脑中预先设定的参考信号值工作,以便发动机能继续运转。例如,在发动机运转过程中,空气流量传感器的信号电压应在 0.5~4.5 V,怠速时应在 0.5~1.5 V,节气门全开时应在 2.5~4.5 V。如果怠速时空气流量传感器的信号电压突然变成 0 V,失效保护系统将根据节气门信号和发动机转速信号计算出进气量的近似值,用近似值代替空气流量传感器的输入值,使发动机能维持运转。

11. 应急备用系统

作用:当控制系统电脑发生故障时,自动启用备用系统(备用集成电路),按设定的信号控制发动机转入强制运转状态,以防车辆停在路途中。此时备用系统维持发动机运转,以便汽车开到修理厂。

四、 发动机电控系统的组成及基本类型

1. 发动机电控系统的基本组成(图 1-1-1)

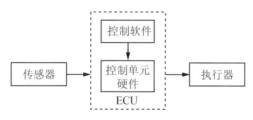

图 1-1-1　发动机电控系统的基本组成

2. 发动机电控系统具体组成(图 1-1-2)及作用

(1)传感器。其作用是检测发动机的各种运行参数,将检测结果输送给发动机控制模块。

(2)发动机控制模块。其作用是接受各种传感器的输入信号并进行各种运算,然后各执行器输出控制信号;同时,检测各种传感器信号是否正常,若发现故障,则存储故障码和相关参数,并点亮故障指示灯。

(3)执行器。根据发动机控制模块的指令信号进行动作,以实现各种控制。

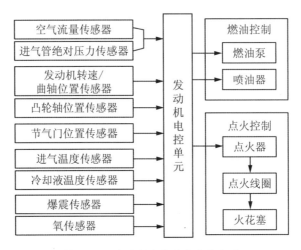

图 1-1-2　发动机电控系统具体组成

3. 基本类型

（1）开环控制系统（无氧传感器）。如图 1-1-3 所示，通过实验室确定的发动机各工况的最佳供油参数预先存入 ECU，在发动机工作时，ECU 根据系统中各传感器的输入信号，判断自身所处的运行工况，并计算出最佳喷油量。其精度直接依赖于所设定的基准数据和喷油器调整标定的精度。当使用工况超出预定范围时，不能实现最佳控制。

图 1-1-3　开环控制系统

（2）闭环控制系统（有氧传感器）。如图 1-1-4 所示，在系统中，发动机排气管上加装了氧传感器，根据排气中含氧量的变化，判断实际进入气缸的混合气空燃比，再通过电脑与设定的目标空燃比进行比较，并根据误差修正喷油量。空燃比控制精度较高。

图 1-1-4　闭环控制系统

上面描述的是发动机电控系统中主要的闭环控制内容，即空燃比闭环控制。除此之外，还有点火正时的闭环控制，其主要是采用爆震传感器采集发动机爆燃信号，来修正点火正时。

➔ **任务实施**

1. **任务准备**

(1)设备：每个工位雪佛兰 2013 款科鲁兹(LDE 发动机)实车 1 辆(可再准备 1 台便于观察的电控台架、具备涡轮增压的发动机任意台架 1 台)。

(2)辅助材料：抹布若干。

2. **实施步骤(表 1-1-1)**

表 1-1-1　实施步骤

作业内容	图解	技术规范
1. 在科鲁兹整车上找出喷油器的位置	发动机线束导管　喷油器	**技术要求**　1. 为便于观察，可拆卸发动机线束导管　2. 注意区分 1、2、3、4 缸的喷油器位置，有飞轮的是输出端，即 4 缸位置
2. 找出科鲁兹整车上汽油泵的位置		**特别提醒**　1. 油泵在油箱里面并不利于观察　2. 科鲁兹的汽油泵拆下后排座椅或者举升车辆均不能看到汽油泵　3. 可以借助于其他车辆或者准备的发动机电控架观察汽油泵　4. 本着生命至上的原则，若要举升，按规定举升车辆，注意做好举升安全防护
3. 打开点火开关，观察油泵是否运转		**技术要求**　1. 油泵观察是否运转时，听油泵运转的声音　2. 如果油泵运转，及时记下油泵运转的时间　**特别提醒**　油泵的声音不方便听到，但是可以将发动机舱盖打开，找到油泵继电器听油泵继电器吸合的声音

续表

作业内容	图解	技术规范
4. 找出科鲁兹整车上点火线圈的位置	护罩 点火线圈	**技术要求** 拆下点火保护罩 **特别提醒** 科鲁兹4个点火线圈集成于一个点火模块之上，若其中一个点火线圈坏了需要整体更换
5. 找出科鲁兹整车上怠速控制组件的位置		**特别提醒** 位于进气歧管前，进气软管之后，不要用手去拔插头
6. 找出三元催化转化器的位置	三元催化转化器	**安全提醒** 1. 如果在发动机运转之后观察，注意不要用手去触摸排气管的任意部件，以防烫伤手 2. 若在整车上找，需要按规定举升车辆，必须注意举升安全

续表

作业内容	图解	技术规范
7. 找出氧传感器的安装位置	 前氧传感器 后氧传感器	**技术要求** 　1. 打开发动机舱盖，观察前氧的位置 　2. 举升车辆，观察后氧的安装位置 **安全提醒** 　1. 如果是在发动机运转之后观察，注意不要用手去触摸排气管的任意部件，以防烫手 　2. 需要按规定举升车辆，必须注意举升安全
8. 找出消音器的安装位置	 消音器 消音器	**技术要求** 　位于排气管上，现在的车均装有几个消音器 **安全提醒** 　1. 如果是在发动机运转之后观察，注意不要用手去触摸排气管的任意部件，以防烫伤手 　2. 若在整车上找，需要按规定举升车辆，必须注意举升安全
9. 找出活性炭罐的安装位置	 活性炭罐	**特别提醒** 　需要举升车辆，位置较隐蔽，不容易观察

续表

作业内容	图解	技术规范
10. 打开点火开关		
11. 观察仪表盘上的指示灯显示与熄灭的情况		技术要求 仔细观察并快速记录哪些指示灯亮
12. 起动发动机		技术要求 连续起动发动机，每次间隔 15 s，连续起动 3 次 安全提醒 1. 周围不允许有人接触发动机台架，以免发生危险 2. 顺时针旋转点火钥匙起动，如果发动机没有起动成功，应将点火钥匙退回到初始位置后再次起动，每次起动时间不能超过 5 s，每次起动间隔 15 s
13. 观察仪表盘上的指示灯工作情况		技术要求 仔细观察并快速记录哪些指示灯亮，并区别在打开点火开关之前的指示灯

续表

作业内容	图解	技术规范
14. 找出涡轮增压装置的位置	涡轮增压	**技术要求** 描述增压的目的
15. 5S 工作	教学用车 (02)	**技术要求** 设备和现场的整理工作

→ 工匠精神

1. 敬业。敬业是从业者基于对职业的敬畏和热爱而产生的一种全身心投入的认认真真、尽职尽责的职业精神状态。中华民族历来有"敬业乐群""忠于职守"的传统，敬业是中国人的传统美德，也是当今社会主义核心价值观的基本要求之一。早在春秋时期，孔子就主张人在一生中始终要"执事敬""事思敬""修己以敬"。"执事敬"，是指行事要严肃认真不怠慢；"事思敬"，是指临事要专心致志不懈怠；"修己以敬"，是指加强自身修养保持恭敬谦逊的态度。

电子控制系统常用检修工具及仪器的使用

三 维 目 标

知识与技能目标：

(1)能叙述电控发动机使用注意事项；

(2)会正确使用跨接线；

(3)会正确使用测试灯和数字式万用表；

(4)会正确操作诊断仪，独立规范的进行车辆故障码、数据流的读取。

过程与方法目标：

(1)学习过程中养成服从指挥的习惯；

(2)养成工作前、工作中和工作后的5S的习惯。

情感态度目标：

(1)学会与同学合作交流，在合作交流的过程中获益；

(2)养成爱岗敬业、团结协作的职业意识。

→ 必备知识

一、电控发动机使用注意事项

电控汽油喷射式发动机出现故障多数是由于使用不当。因此，在使用中要注意以下事项：

(1)驾驶人应了解电控系统各主要元件所在位置，以便对其实行保护。

(2)驾驶人应掌握仪表盘上各开关、显示灯、仪表等的作用和功能，弄清仪表盘上英文缩写的含义。

(3)熟练掌握操作要领，避免误操作。

(4)加装电器设备应远离 ECU，防止干扰或加装防干扰屏蔽设施。

(5)检查线束连接器是否有油污、潮湿、松动，要保持线束连接器清洁、连接可靠。

(6)蓄电池的极性不许接反，禁止用外接电源起动发动机，以免因电压过高损坏电控系统元件。

(7)必须使用无铅汽油，定期更换燃油滤清器。

(8)驾驶人必须知道"故障指示灯"工作情况。

二、 电控发动机检修注意事项

(1)接通点火开关时，不允许拆开任何 12 V 电器装置的连接线路，以防止电器装置中的线圈自感作用产生的瞬时电压损坏 ECU 或传感器。

(2)发动机发生故障时，切忌盲目拆检。确定机械部分无故障后再检查电控系统。

(3)故障诊断时，先根据"故障指示灯"工作情况进行相应检查。

(4)注意检查线束连接器是否清洁、连线是否可靠。

(5)对燃油系统进行维修前，应拆开蓄电池负极电缆线，以免损坏电控系统元件。

(6)在维修中，注意各车型线束连接器的锁扣型式，不可盲目用力硬拉。安装时要插接到位，并将锁扣锁住。

(7)对电控系统电路或元件进行检查时，必须使用高阻抗数字万用表检查电压、电阻或电流。

(8)发动机熄火后，燃油供给系统残余压力仍较高，对该系统进行拆卸前，必须释放燃油系统的残余压力。

三、 常用检修工具及仪器

现代汽车修理时，为了减少维修工作量，尽快找到故障原因及故障部位，往往要借助于一些专用诊断、检测设备。尤其是进口汽车的维修，离开了诊断检测仪器，可以说是寸步难行。本任务介绍电控发动机维修中常用的检测工具及仪器。

1. 跨接线及适配器

跨接线是一段专用导线，不同形式的跨接线的长短和两端接头不同，如图 1-2-1 所示。跨接线两端的接头一般是不同形式的插头或鳄鱼夹，以适应不同位置的跨接，主要用于电路故障诊断。本书中典型车型均以雪佛兰科鲁兹为例，维修手册中所用的跨接线均需带 3A 熔丝（可以自制），如图 1-2-2 所示。

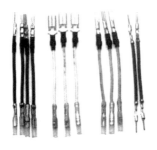

图 1-2-1 不同形式的跨接线　　图 1-2-2 科鲁兹跨 3A 的跨接线

警告：切勿将跨接线跨接在蓄电池两端，这将造成蓄电池损坏。

适配器是用来连接线束端子与本体或线束与模块之间具有不同数量接口的专用线束，但如果实际教学中没有这个条件，可以自制 T 形线（貌似 T 形得名），两端可用来连接本体与线束端子，第三端可以引出来用以测量信号电压、波形等，如图 1-2-3 所示。

图 1-2-3　T 形线

2. 测试灯

测试灯主要用来检查电控元件电路的通、断。根据指示灯亮度判断被测电路的电压高低。

（1）普通测试灯。

如图 1-2-4 所示，测试灯的手柄是透明的，里面装有灯泡。手柄的一端是测试探头，另一端引出一根带夹子的搭铁线。对于正常工作的电路，如果将测试灯的夹子搭铁而探头接触带电的电路，灯泡应点亮。测试灯的局限性在于它不能显示出被测的电压是多少，但它与电压表相比可检测某一电路的电源电压是否可驱动负载，有时电压表测得的电压是浮电压，即不能带动负载。图 1-2-5 为试灯测电压示意图。

图 1-2-4　普通测试灯

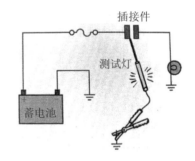

图 1-2-5　测试灯测电压示意图

警告：不要用测试灯检查计算机控制系统电路。

（2）有源测试灯。

有源测试灯（图 1-2-6）可以很方便地判断电路的通断。测试时，要将电路的电源断开，搭铁夹子接负载部件的搭铁端子，探头接电路各接点。若电路是正常的，测试灯就会点亮；如果电路不通（有断路的地方），测试灯就不会点亮。

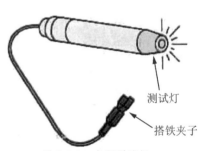

图 1-2-6　有源测试灯

警告：不要用有源测试灯测试带电的电路，否则会损坏测试灯。

3. 数字式万用表

数字式万用表主要用来测量电阻、电压、电流等参数，以此判断电路的通断和电控元件的技术状况。

(1)常用数字式万用表。

常用数字式万用表具有测量精度高、测量范围广、输入阻抗高、抗干扰能力强、容易读数等优点，在汽车故障诊断与检修中应用广泛。

(2)汽车万用表。

汽车万用表除具有数字万用表的功能外，还具有一些汽车专用测试功能。除可用来测量电控元件和电路的电阻、电压、电流外，一般还能测量转速、频率、温度、电容、闭合角、占空比等项目，并具有自动断电、自动变换量程、数据锁定、波形显示等功能。

在用数字式汽车专用万用表检测电子控制系统时，其内阻抗必须大于 10 mΩ，且在使用时应注意以下几点。

①接线要正确，万用表面板上的插孔都有极性标记。在测电压时，要注意正负极性。

②测量量程应正确，选择量程时应由高量程向低量程档位依次观察，直至选择合适的测量档，否则可能损坏仪表和测量电路。为了保证测量精度，在选择测量档时，应尽可能使测量档处在满量程的 1/2 位置上。

③使用之前一定要调零。

④测量电阻时应关闭点火开关。

汽车专用万用表与一般万用表有一定的区别：它提供了一些更为专用的功能。汽车专用万用表还可以检测电路中信号的频率和占空比、温度、转速、点火闭合角等。因此，能够正确使用万用表是汽车故障检测的基本技能。

(3)面板介绍(以 03015 自动量程数字万用表为例，如图 1-2-7 所示)。

①显示屏。

03015：3-3/4 位液晶显示屏，最大读数 3999。

②"RANGE"按钮。

此按钮可用于在手动量程模式与自动量程模式之间切换；

图 1-2-7　03015 自动量
程数字万用表

在手动量程模式，此按钮可用于选择不同的量程。

③"Hz％"按钮。

在频率(或占空比)测试时，此按钮用于在频率与占空比测量模式之间切换。

④"S"按钮。

此按钮可用于以下测量功能之间的切换：

a. 直流电流/交流电流；

b. 二极管/通断；

c. 摄氏温度/华氏温度。

⑤功能/档位开关。

关机时，应将此开关置于"OFF"位置，该开关用于选择所需的功能和档位，也可用于开启和关闭电源。

⑥"20A"插孔。

03015：测量电流(400 mA～20 A)时，红色表笔的输入插孔。

⑦"COM"插孔。

除温度测量外，进行其他所有测量时黑色表笔的输入插孔。

⑧"INPUT"插孔。

03015：除大于400 mA的电流测量外，进行其他所有测量时红色表笔的输入插孔。

⑨"REL"按钮。

用于进入或退出相对值测量模式。

⑩"HOLD"按钮。

按一下此按钮可将读数保持在屏幕上，LCD同时显示"H"，再按一下该按钮可取消数据保持模式，"H"符号消失。按住此按钮不放约2 s可点亮背光灯，再次按住此按钮不放约2 s可关闭背光灯。

(4)常用测试功能简介。

对于不同型号的万用表，其外观、功能和使用方法可能不尽相同，但常用的测试功能有两项：一是电压测量；二是电阻测量。

电压测量：将黑表笔插入"COM"插孔，红表笔插入"INPUT"插孔；将功能开关置于直流电压档，并将表笔并接在被测负载或信号源上，如图1-2-8所示，万用表显示电压读数的同时会指示出红表笔的极性。

电阻测量：将黑表笔插入"COM"插孔，红表笔插入"INPUT"插孔；将功能开关置于"Ω"档量程上，并将被测表笔跨接在被测电阻上，如图1-2-9所示。

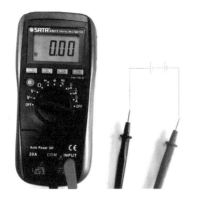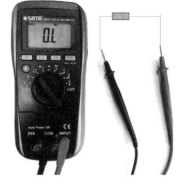

| 图1-2-8　电压测量 | 图1-2-9　电阻测量 |

特别提醒：针对不同型号的万用表要阅读其相应的使用说明书和注意事项。

4. 金德KT600综合智能诊断仪介绍

KT600综合智能诊断仪是集多种功能于一体的新型诊断设备，包含了大多数原厂通信协议及控制器局域网（CAN）的通信协议，可扩充性强。配备CF卡，可扩充升级程序，实时保存诊断结果，并且带有精密的微型打印机，可实时打印诊断报告。该设备可通过更换内置卡选择配置诊断系统或三通道示波器、五通道示波器。配备压力接头和温度探头后具有压力和温度测量功能，相当于四通道压力表和四通道温度表。

→ 任务实施

1. 任务准备

（1）设备：每个工位雪佛兰2013款科鲁兹（LDE）实车1辆，车轮挡块1副。

（2）工具：每个工位诊断仪器1套。

（3）辅助工具：抹布若干。

2. 实施步骤（表 1-2-1）

表 1-2-1 实施步骤

作业内容	图解	技术规范
1. 连接 KT600 与车辆的 OBDⅡ接口		**技术要求** 　1. 关闭点火开关，连接 KT600 与车辆的 OBDⅡ接口 　2. 长按 KT600 电源，开机进入诊断仪主界面 　3. 打开点火开关 　4. 光标停留在"汽车诊断"界面，按"OK"键即可进入下一个界面 **特别提醒** 　1. 连接时必须注意 OBDⅡ的诊断接口有大小头，严禁插反 　2. 必须打开点火开关，否则诊断仪进入不了系统 　3. 诊断仪自带电源，与车辆连接之后即同时在给诊断仪充电 　4. 可触屏，也可点击上下箭头移动光标 　5. ESC 为退出键，点击可退出当前界面
2. 选择车系和年份		**技术要求** 　1. 选择车型"通用" 　2. 按照 VIN 码的第 10 位进入生产年份 **特别提醒** 　1. 如果不知道 VIN 码第 10 位的具体年份，也可以到车门 B 柱去寻找 　2. 移动上下箭头可移动光标

作业内容	图解	技术规范

3. 选择生产商与车型		**技术要求** 　1. 分别按"OK"键进入雪佛兰和科鲁兹 　2. 移动上下箭头光标可移动(也可触屏)

续表

作业内容	图解	技术规范
4. 选择动力总成进入发动机控制模块		**技术要求** 分别按"OK"键进入动力总成和发动机控制模块
5. 选择发动机和电脑接口类型		**技术要求** 1. 根据车辆选择发动机类型"1.6 L4 LDE" 2. 移动上下箭头或触摸选择发动机电脑接口类型"Face Mounted Connectors"

续表

作业内容	图解	技术规范
	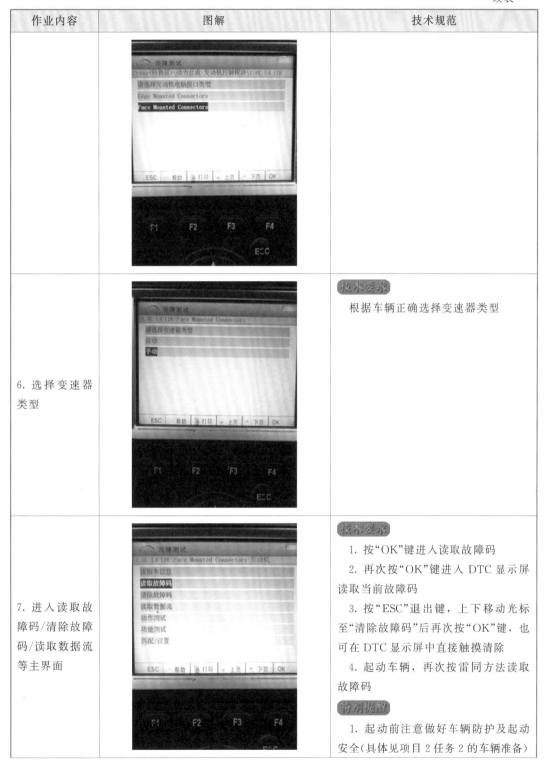	
6. 选择变速器类型		技术要求 根据车辆正确选择变速器类型
7. 进入读取故障码/清除故障码/读取数据流等主界面		技术要求 1. 按"OK"键进入读取故障码 2. 再次按"OK"键进入 DTC 显示屏读取当前故障码 3. 按"ESC"退出键，上下移动光标至"清除故障码"后再次按"OK"键，也可在 DTC 显示屏中直接触摸清除 4. 起动车辆，再次按雷同方法读取故障码 特别提醒 1. 起动前注意做好车辆防护及起动安全(具体见项目 2 任务 2 的车辆准备)

作业内容	图解	技术规范
		2. 顺时针旋转点火钥匙起动，如果发动机没有起动成功，应将点火钥匙退回到初始位置后再起动，每次起动时间不能超过 5 s，每次起动间隔 15 s
8. 读取数据流		技术要求 1. 光标移至"读取数据流"界面按"OK"键进入数据流的主界面，进入发动机数据 2. 再次按"OK"键便会显示所有数据流的值 3. 可触摸上下翻页，也可点击左右箭头翻页 4. 若要将某个数据流总是显示在界面的前面，可触摸点击最左端的空心格，打√即可

作业内容	图解	技术规范
		5. 按"ESC"一步步退出诊断仪，直至到主界面 6. 关机 7. 关闭点火开关拔下诊断接口
9.5S 工作		**技术要求** 设备和现场的整理工作

汽油电控燃油喷射系统检修

项 目 概 述

电控汽油喷射系统(简称EFI或EGI系统),以一个电子控制装置(又称电控单元或ECU)为控制中心,利用安装在发动机不同部位上的各种传感器,测得发动机的各种工作参数,按照在电控单元中设定的控制程序,通过控制喷油器,精确地控制喷油量,使发动机在各种工况下都能获得最佳浓度的混合气。其中,包括了进气与燃油的控制,本项目主要是针对进气和燃油两大方面的控制进行分类介绍。

教育是国之大计、党之大计。培养什么人、怎样培养人、为谁培养人是教育的根本问题。育人的根本在于立德。

所以,通过本课程的学习,学生要不仅要达到如下的知识、技能目标,还要在行为习惯、职业素养等达到相应要求。

序号	学习内容(知识、技能、行为习惯、职业素养等)	评价标准			
		了解 知道	理解 掌握	指导下 操作	独立 操作
1	汽油机电控燃油喷射系统认知		✓		
2	空气流量传感器的检修				✓
3	进气管绝对压力传感器的检修				✓
4	节气门位置传感器的检修				✓
5	怠速控制系统的检修				✓
6	可变气门正时系统的检修				✓
7	温度传感器的检修				✓
8	燃油压力的检测			✓	
9	喷油器的检修				✓

汽油机电控燃油喷射系统认知

三维目标

知识与技能目标：

(1)了解燃油喷射系统的发展与优点；

(2)能叙述电控燃油喷射系统的类型；

(3)熟悉电控燃油喷射系统的组成及基本作用；

(4)能在实车上指出发动机空气与燃油供给系统的安装位置；

(5)能在实车上指出发动机相应传感器与执行器的安装位置；

(6)会断开与连接典型车型的电控单元。

过程与方法目标：

(1)学习过程中养成服从指挥的习惯；

(2)养成工作前、工作中和工作后的 5S 的习惯。

情感态度目标：

(1)学会与同学合作交流，在合作交流的过程中获益；

(2)养成爱岗敬业、团结协作的职业意识。

→ 必备知识

一、燃油喷射系统的发展过程

20 世纪 30 年代，燃油喷射系统首先应用于军用飞机上；1954 年，德国奔驰公司在奔驰 300SL 上装了机械式燃油喷射系统(K 型)。

20 世纪 60 年代，在 K 型的基础上发展了机电组合式燃油喷射系统(KE 型)。

20 世纪 60 年代后期，随着电子技术的发展，德国 Bosch 公司研制出电控燃油喷射系统 (EFI)，其发展史如图 2-1-1 所示。

二、电控燃油喷射系统的优点

(1)能提供发动机在各种工况下最合适的混合气浓度。

(2)降低了 HC、CO 和 NOx 三种有害气体的排放。

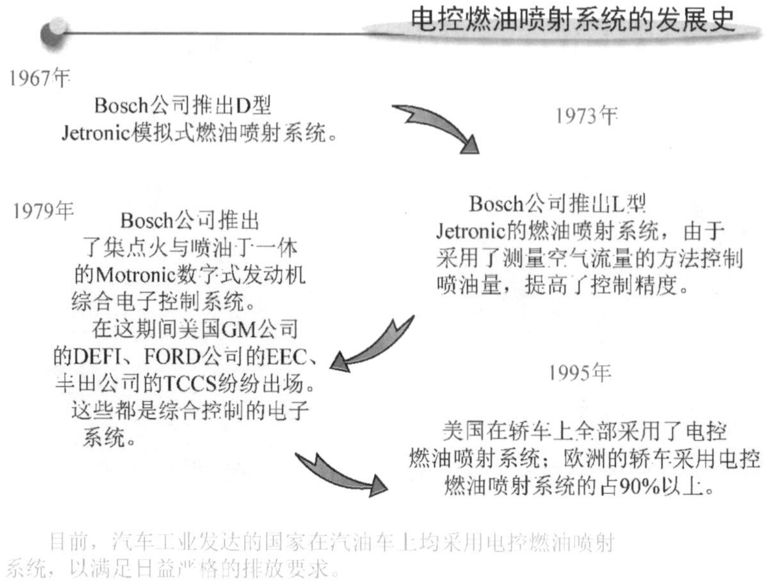

电控燃油喷射系统的发展史
1967年
Bosch公司推出D型
Jetronic模拟式燃油喷射系统。
1973年
Bosch公司推出L型
Jetronic的燃油喷射系统，由于
采用了测量空气流量的方法控制
喷油量，提高了控制精度。
1979年
Bosch公司推出
了集点火与喷油于一体
的Motronic数字式发动机
综合电子控制系统。
在这期间美国GM公司
的DEFI、FORD公司的EEC、
丰田公司的TCCS纷纷出场。
这些都是综合控制的电子
系统。
1995年
美国在轿车上全部采用了电控
燃油喷射系统；欧洲的轿车采用电控
燃油喷射系统的占90%以上。
目前，汽车工业发达的国家在汽油车上均采用电控燃油喷射
系统，以满足日益严格的排放要求。

图 2-1-1 电控燃油喷射系统的发展史

(3)增大了燃油的喷射压力，因此雾化比较好。

(4)在不同地区行驶时，发动机 ECU 能及时准确地作出补偿。

(5)在汽车加减速行驶的过渡运转阶段，燃油控制系统能迅速地做出反应。

(6)具有减速断油功能，能降低排放，也能节省燃油。

(7)在进气系统中，由于没有像化油器那样的喉管部位，因而进气阻力小。

(8)发动机起动容易，暖机性能提高。

三、 电控喷射系统的类型

1. 按喷射方式分类

(1)同时喷射——将各气缸的喷油器并联，所有喷油器由 ECU 的同一个指令控制，同时喷油，同时断油，如图 2-1-2 所示。

计算机

图 2-1-2 同时喷射

计算机
两个喷油器
同时喷油

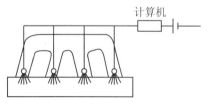

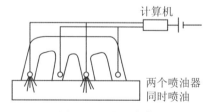

图 2-1-3 分组喷射

（2）分组喷射——将各气缸的喷油器分成几组，同一组喷油器同时喷油或断油，如图2-1-3所示。

（3）顺序喷射——喷油器由 ECU 分别控制，按发动机各气缸的工作顺序喷油，如图2-1-4所示。

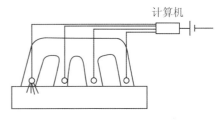

图 2-1-4　顺序喷射

2. 按空气量的计量方式分类

（1）D型（又称间接测量式、压力型）电控燃油喷射系统——利用进气管绝对压力传感器检测进气管内的绝对压力，ECU 根据进气管内的绝对压力和发动机转速推算出发动机进气量，再根据进气量和发动机转速确定基本喷油量，如图2-1-5所示。

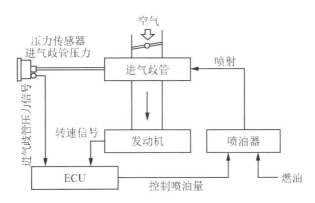

图 2-1-5　D 型电控燃油喷射系统

（2）L型（又称直接测量式、质量流量型）电控燃油喷射系统——利用空气流量计直接测量发动机的进气量，ECU 不必进行推算，可根据空气流量计信号计算与该空气量相应的喷油量，如图2-1-6所示。

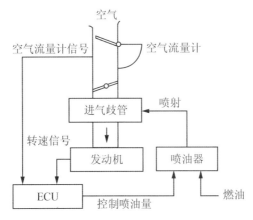

图 2-1-6　L 型电控燃油喷射系统

（3）L＋D型——既安装空气流量计又安装进气压力传感器，这种检测进气量的方式检测精度更高，对于使用无回油系统的供油系统来说，电脑还要通过进气压力产生的信号，确定喷油嘴两端的压差，调整喷油量。

3. 按喷射位置分类

（1）多点喷射系统——每缸进气门处装有一个中央喷射装置，由ECU控制喷射，如图2-1-7所示。其燃油分配均匀性好，但控制系统复杂，成本高。主要用于中、高级轿车。

（2）单点喷射系统——在节气门上方装一个中央喷射装置，采用顺序喷射方式，由1～2个喷油器集中喷油，如图2-1-8所示。其结构简单，故障少，维修调整方便。广泛应用于普通轿车和货车。

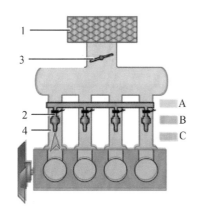

图 2-1-7　多点喷射
1. 空气滤清器　2. 喷射阀　3. 节气门　4. 进气管
A. 空气　B. 燃油　C. 燃油空气混合气

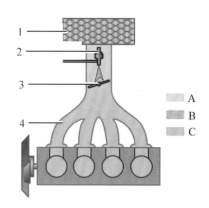

图 2-1-8　单点喷射
1. 空气滤清器　2. 喷射阀　3. 节气门　4. 进气管
A. 空气　B. 燃油　C. 燃油空气混合气

➔ 知识拓展

在近来各厂采用的发动机科技中，最炙手可热的技术非缸内直喷莫属（图2-1-9）。这套由柴油发动机衍生而来的科技目前已经大量使用在包含 VAG、BMW、Mercedes-Benz、GM 以及 Toyota（Lexus）车系上。

缸内直接喷射技术属于多点喷射，供油系统采用缸内直喷设计的最大优势，就在于燃油是以极高压力直接注入于燃烧室中，因此除了喷油嘴的构造和位置都异于传统供油系统，在油气的雾

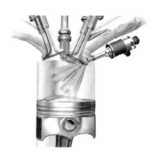

图 2-1-9　缸内直喷

化和混合效率上也更为优异。加上近来车上各项电子系统的控制技术大幅进步，计算机对于

进气量与喷油时机的判读与控制也愈加精准，因此再搭配上缸内直喷技术以使得发动机的燃烧效率大幅提升下，除了发动机得以产生更大动力，对于环保和节能也都有正面的帮助。

虽然直喷汽油机的优势明显，但是它也受到制造技术和油品质量的限制，因此短期内得到普及还不现实，不过凭借更为高效、经济的特点，它依然是未来内燃机技术的发展趋势，我们也有望见到更多性能出色、燃油经济性高的直喷发动机面世。

四、　电控燃油喷射系统的组成及作用

1. 组成

电控燃油喷射系统由空气供给系统、燃油供给系统、控制系统 3 个子系统组成。图 2-1-10 为卡罗拉燃油喷射系统和点火系统位置布置图。

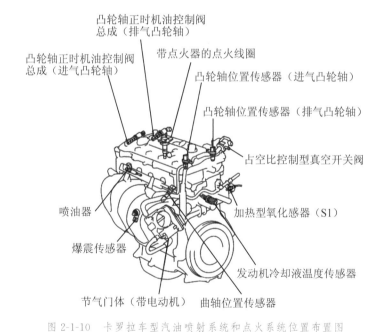

图 2-1-10　卡罗拉车型汽油喷射系统和点火系统位置布置图

2. 作用

（1）空气供给系统功用。

为发动机提供清洁的空气并控制发动机正常工作时的供气量。

（2）燃油供给系功用。

供给喷油器一定压力的燃油，喷油器则根据电脑指令喷油。

（3）控制系统功用。

ECU 根据空气流量计（或进气歧管绝对压力传感器）信号和发动机转速信号确定基本喷油时间，再根据其他传感器对喷油时间进行修正，并按最后确定的总喷油时间向喷油器发出指令，使喷油器喷油或断油。

五、空气供给系统的基本组成与供给路线。

1. 空气滤清器

一般为干式纸质滤心式，结构及作用与普通发动机上相同。

2. 节气门体

节气门体安装在进气管中，来控制发动机正常工况下的进气量。

3. 进气管

为了消除进气波动和保证各缸进气均匀，对进气总管和歧管的形状、容积有严格的要求。

4. L 型和 D 型电控燃油喷射系统的空气供给路线（图 2-1-11 和图 2-1-12）

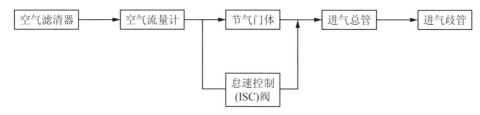

图 2-1-11　L 型电控燃油喷射系统的空气供给路线

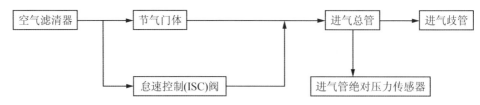

图 2-1-12　D 型电控燃油喷射系统的空气供给路线

六、 燃油供给系统的基本组成与供给路线

燃油供给系统由电动燃油泵、燃油滤清器、燃油压力调节器、脉动阻尼器及油管组成，如图 2-1-13 所示(仅针对有回油管结构，无回油管结构系统，具体参照燃油压力检测任务)，其燃油供给路线如图 2-1-14 所示。

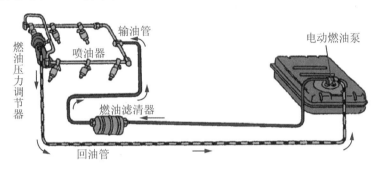

图 2-1-13 燃油供给系统的基本组成

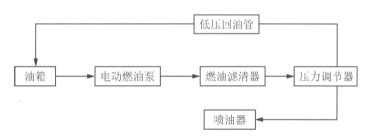

图 2-1-14 燃油供给系统的供油路线

七、 电子控制系统组成及原理

1. 电子控制系统原理

电子控制系统原理如图 2-1-15 所示。桑塔纳 2000 的 AJR 发动机控制系统组成如图 2-1-16 所示。

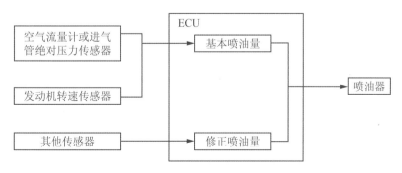

图 2-1-15 电子控制系统原理图

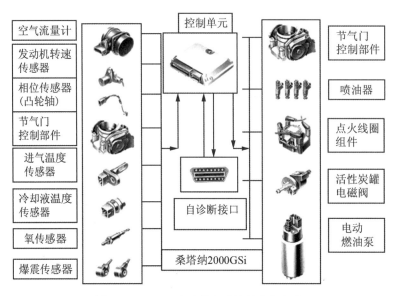

图 2-1-16　AJR 发动机电子控制系统组成

2. 发动机控制单元（ECU）

（1）发动机控制单元的功能。

ECU 是控制系统的核心部件，其功用是接收各种传感器输出的发动机工况信号，根据 ECU 内部预先编制的控制程序和存储的实验数据，通过数学计算和逻辑判定确定适应发动机工况的点火提前角、喷油时间等参数，并将这些数据转变为电信号，控制各种执行元件动作，从而使发动机保持最佳状态运行。

除了上述控制功能之外，ECU 还具有故障自诊断功能（又称为备用功能）。ECU 在对发动机运行状态实施最佳控制时，还要对部分传感器传输的信号进行监测与鉴别。当发现某只传感器传输的信号超出规定值范围时，ECU 将判定该传感器或相关线路发生故障，并将故障信息编成代码储存在存储器中，以便维修时调用。

各汽车制造厂家对发动机电控单元的称呼不尽相同。例如，美国通用：ECM；福特：MCU；本田公司在 1995 年的车型上，也称为 ECM，但 1996 年车型将发动机控制模块（ECM）和变速器控制模块（TCM）集成在一个模块上，称为动力控制模块（PCM）。

（2）发动机控制单元的组成。

发动机电控单元由输入回路、A/D(模拟/数字)转换器、微型计算机和输出回路组成。

①输入回路。将系统中各传感器检测到的信号经输入/输出接口送入微型计算机，使计算机能对汽油机运行工况进行实时检测和控制。在控制过程中，需要检测与输入的传感器信号有模拟信号和脉冲数字信号两种。对于这两种不同类型的信号，输入 ECU 的处理方法也不一样。

②A/D(模拟/数字)转换器。作用是将微机不能处理的模拟信号转化成数字信号，再输入

ECU。微处理器只能识别 0～5 V 的方波形数字信号，但传感器送给发动机控制模块的信号有两种：数字信号和模拟信号。

③微型计算机。根据汽油机运行工况的需要，把各种传感器送来的信号用内存中的处理程序和数据进行运算处理，并把处理结果送往输出回路。

ECU 主要由以下部分组成。

$$ECU \begin{cases} CPU：中央处理器 \\ ROM：只读存储器 \\ PRAM：可编程的只读存储器 \\ RAM：运行数据存储器 \\ I/O：输入/输出接口 \end{cases}$$

→ **知识链接**

在发动机 ECU 中设有故障存储器，它包括永久性存储器和暂时性存储器。当被监测的传感器或执行元件中出现故障时，则该故障码及种类会存入故障存储器中。当断开蓄电池负极时后，这些储存在 RAM 中的随机储存数据便会消失，所以维修之前一定要用诊断设备将存储在 RAM 中的数据调出来，以便维修时参考。

④输出回路。微机输出的是数字信号，且输出电压较低，用这种输出信号一般不能驱动执行元件进行工作，因此需要采用输出回路将其转化成可以驱动执行元件的输出信号。在汽油机电控系统中，由输出回路输出的控制信号有喷油器驱动信号、点火控制信号和电动汽油泵驱动信号。

（3）发动机电控单元的原理。

发动机电控单元原理图如图 2-1-17 所示。

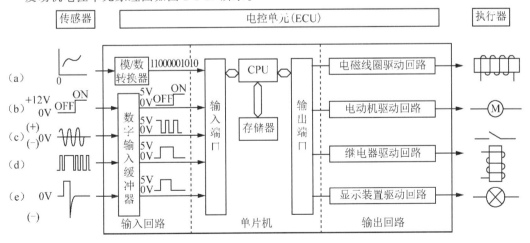

图 2-1-17　发动机控制模块的具体组成

（4）电子控制单元的拔插。

卡罗拉与科鲁兹的 ECM 电控单元均在发动机舱的左侧，分别如图 2-1-18 和 2-1-19 所示。两种车型均有两个 ECM 连接器，按图示方向，均是按下杆上解锁装置的同时，提升 2 个杆并断开 2 个 ECM；连接时，也需按下解锁装置，向相反方向按压即可连接。

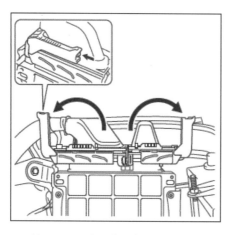

图 2-1-18　丰田卡罗拉 ECM 连接器

图 2-1-19　科鲁兹 ECM 连接器

注意事项：

1. 在拔下控制单元之前，为了防止损坏控制单元，一定要先断开蓄电池负极。

2. 断开连接器后确保没有污物水或其他异物接触到连接器的连接部位。

⊕ **任务实施**

一、任务准备

（1）设备：每个工位雪佛兰科鲁兹整车一辆。

（2）辅助材料：科鲁兹维修手册、抹布若干。

二、 实施步骤

（1）观察科鲁兹整车，指出其电控系统是属于 D 型、L 型还是 D+L 型燃油喷射系统。

（2）找出科鲁兹整车上所有传感器及执行器的位置并作相应记录（雷同卡罗拉位置图 2-1-10，具体可参照科鲁兹维修手册）。

（3）在科鲁兹整车上找出空气供给系统的相应实物（如图 2-1-11 所示，比较实车与示意图的区别）。

（4）在科鲁兹整车上找出燃油供给系统的相应实物（如图 2-1-12 所示，比较实车与示意图的区别）。

（5）在科鲁兹整车上找出发动机控制模块的位置记录并拆装 ECM 连接器，拆装注意事项及步骤如图 2-1-19 所示。

→ **工匠精神** ————————————————————————————————●

　　2. 专注。专注就是内心笃定而着眼于细节的耐心、执着、坚持的精神，这是一切"大国工匠"所必须具备的精神特质。从中外实践经验来看，工匠精神都意味着一种执着，即一种几十年如一日的坚持与韧性。"术业有专攻"，一旦选定行业，就一门心思扎根下去，心无旁骛，在一个细分产品上不断积累优势，在各自领域成为"领头羊"。在中国早就有"艺痴者技必良"的说法，如《庄子》中记载的游刃有余的"庖丁解牛"、《核舟记》中记载的奇巧人王叔远等。

空气流量传感器的检修

知识与技能目标：

(1)能叙述空气流量传感器的作用、类型并能在实车上指出其安装位置；

(2)认识热线式和热膜式空气流量传感器结构；

(3)会分析热线（热膜）式空气流量传感器的工作原理；

(4)会分析空气流量传感器的控制电路和故障原因；

(5)会规范使用检测工具及诊断仪器；

(6)会进行空气流量传感器的检修。

过程与方法目标：

(1)学习过程中养成服从指挥的习惯；

(2)养成工作前、工作中和工作后的5S的习惯。

情感态度价值观目标：

(1)学会与同学合作交流，在合作交流的过程中获益；

(2)养成爱岗敬业、团结协作的职业意识。

⊙ **必备知识** ———————————————————————————————————

一、 空气流量计简介

1. 空气流量传感器的作用

检测单位时间内进入气缸的空气的质量流量，计算进气量，决定基本喷油量和基本点火提前角。

2. 空气流量传感器的类型

(1)按结构分类。

空气流量传感器按结构类型分类，如图 2-2-1 所示。

(2)按检测流量类型分类。

空气流量传感器按检测流量分类，如图 2-2-2 所示。

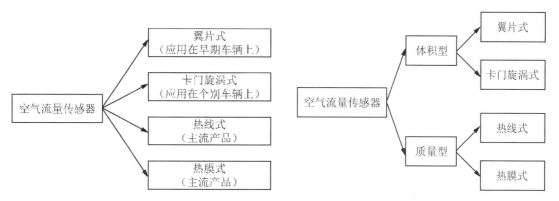

图 2-2-1   空气流量传感器按结构分类   图 2-2-2   空气流量传感器按检测流量分类

（3）按输出信号类型分类。

空气流量传感器按输出信号类型分类，如图 2-2-3 所示。

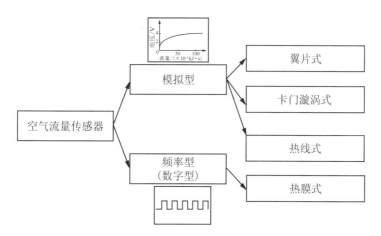

图 2-2-3   空气流量传感器按输出信号类型分类

模拟型的空气流量传感器：输出信号是模拟信号，即随空气流量变化的而连续变化的电压信号。一般情况下，随空气流量的增加，输出电压增加；输出电压的幅值范围一般为 0～5 V。

频率型的空气流量传感器：输出信号是频率信号（数字信号），一般情况下，随空气流量的增加，频率增加。ECU 通过测量信号的频率，可以计算出空气流量。

比较：频率型的流量传感器比模拟型抗干扰性强，测量精度也优于模拟型。因此应用较为广泛。

目前车辆上基本采用热线式和热膜式空气流量传感器，本章节将着重介绍。其他类型的空气流量传感器不再赘述。

3. 安装位置

空气流量传感器安装在节气门前、空气滤清器之后，如图 2-2-4 所示圈出来的是卡罗拉空气流量传感器的安装位置。

图 2-2-4　空气流量传感器位置

二、 热线式空气流量传感器

1. 结构

热线式空气流量传感器研发于 20 世纪 80 年代，属于第三代产品，被广泛应用在各种型号的发动机上，其基本结构由白金热线（铂金属线）、温度补偿电阻（冷线）、控制线路板等元件组成。根据白金热线在壳体内的安装位置不同，又分为主流测量和旁通测量两种结构形式。热线式空气流量传感器的外形如图 2-2-5 所示，结构如图 2-2-6 所示。

图 2-2-5　热线式空气流量传感器外形图

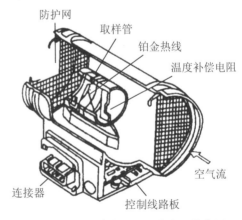

防护网
取样管
铂金热线
温度补偿电阻
空气流
连接器
控制线路板

图 2-2-6　热线式空气流量传感器结构图

2. 工作原理

热线式空气流量传感器的工作原理如图 2-2-7 所示。

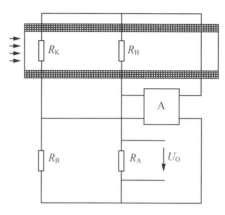

图 2-2-7　热线式空气流量传感器结构组成示意图

RH 是由金属铂制成的直径 70UM 的电阻丝，它是感知空气流量的电阻。工作时控制电路使其工作温度超过空气温度 100 ℃，所以也称热线。RK 也是金属铂制成的电阻，其阻值较大，流通的电流较小，工作温度较低，也称冷线，所以空气质量流量对其表面温度几乎没有影响，起温度补偿作用。RA 是一个精密电阻，电阻值通过激光可以修整，将桥臂上的电流信号变成电压信号传送给 ECU。RB 为构成惠斯通电桥而设置的桥电阻。控制电路通过惠斯通电桥平衡原理，控制电桥中热线电流大小，从而将热线温度与吸入空气温度差保持在 100 ℃。

惠斯通电桥平衡条件：

RK/RB＝RH/RA 时，UAB＝0。

惠斯通电桥不平衡条件：

RK/RB≠RH/RA 时，UAB≠0。

当进气管中空气质量流量增大时，由于空气带走的热量增多，为了保持热线温度，控制电路使热线通过的电流增大；反之，则使热线通过的电流减小。这样就使得通过热线的电流与空气质量流量成正比。即热线电流随空气流量增大而增大，随空气流量减小而减小。惠斯通电桥电路中精密电阻上的电压即为热线式空气流量计的输出电压信号。

温度补偿原理：进气温度↑导致 RH↑，RK↑，从而使得 RK/RB＝RH/RA，UAB＝0，惠斯通电桥同样平衡，如果没有冷线，会因为进气温度变化导致 RH 的表面温度发生变化，从而导致 RH 上的阻值发生变化，会导致电桥不平衡，而电桥的不平衡，也会影响电流的变化，从而带来反馈给 ECU 的信号电压不精确。

空气流量计"自洁"原理：熄火后控制电路输出控制电流，使热线迅速升至 1 000 ℃高温加热 1 s，烧去热线上的油污，清洁其表面。

每当进行如下操作时，进行"自洁"：

起动发动机──→怠速──→超过 3 000 r/min──→怠速，熄火──→进行"自洁"。

3. **热线式空气流量计实车应用（以丰田卡罗拉为例）**

(1)结构组成示意图(图 2-2-8)。

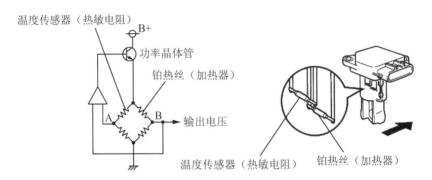

图 2-2-8　丰田卡罗拉空气流量传感器结构组成示意图

(2)实车电路图及端子描述(图 2-2-9)。

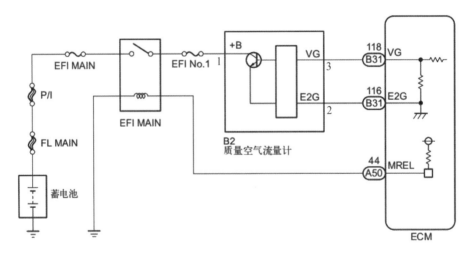

图 2-2-9　丰田卡罗拉空气流量传感器实车电路图

1.12 V 电源线　2. 搭铁线　3. 信号线

注：此空气流量计内置进气温度传感器，故 1，2 号端子为进气温度传感器的端子，不在此电路图内。

（3）功能原理描述。

丰田卡罗拉质量空气流量计也是利用上述惠斯通电桥原理测量流经节气门的空气流量。ECM 利用此信息确定燃油喷射时间并提供相应的空燃比。

质量空气流量计内有一个暴露于进气流的加热铂丝。ECM 向铂丝施加一个特定的电流，以将其加热到给定的温度。进气流冷却铂丝和内部热敏电阻，从而影响它们的电阻。ECM 改变施加于质量空气流量计中的这些零部件的电压来保持电流值恒定。电压大小与通过传感器的空气流量成比例，ECM 则利用它来计算进气量。

该电路的结构使得铂热丝和温度传感器构建一个桥接电路，并且控制功率晶体管，使得 A 和 B 的电压保持相等，以维持预定的温度，如图 2-2-8 所示。

三、　热膜式空气流量传感器

1. 结构

目前大多数车型多采用热膜式空气流量计。热膜式空气流量传感器结构与热线式基本相同，只是将热丝电阻制成金属膜（可固定在薄的树脂膜上），并与其他桥式电阻一起集成在陶瓷底板上，如图 2-2-10 所示。

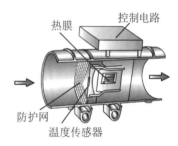

图 2-2-10　热膜式空气流量
传感器的结构图

2. 工作原理和特点

热膜式空气流量传感器的工作原理与热线式的基本相同。其特点是制造成本低，热膜式电阻可以承受较大气流的冲击（或不直接承受气流的冲击），提高了可靠性，使用寿命长，不需要自洁。

3. 热膜式空气流量计实车应用（以雪佛兰 2013 款科鲁兹 LDE 发动机为例）

雪佛兰 2013 款科鲁兹 LDE 发动机上使用的是热膜式空气流量传感器。

（1）科鲁兹热膜式空气流量传感器实物图，如图 2-2-11 所示。

（2）科鲁兹热膜式空气流量传感器端子及实车电路图描述，分别如图 2-2-12 和图 2-2-13 所示。

图 2-2-11　科鲁兹热膜式空气
流量传感器实物图

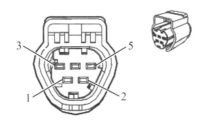

图 2-2-12　科鲁兹空气流量传感器线束端端子

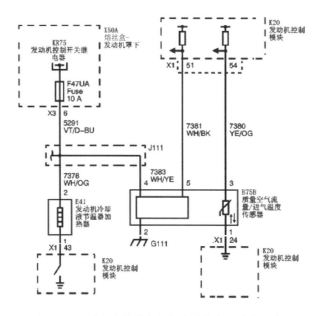

图 2-2-13　科鲁兹热膜式空气流量传感器系统电路图

2.搭铁电路　4.点火电压电路　5.质量空气流量传感器信号电路

（3）功能原理描述。

①科鲁兹质量空气流量（MAF）传感器和进气温度（IAT）传感器是集成在一起的，如图 2-2-11 所示。质量空气流量传感器是一个空气流量计，测量进入发动机的空气量，也是惠斯通电桥原理测量，即利用热膜元件在进气通道中感知不同流经节气门的空气流量，导致内部电桥输出给 ECM 电压信号的不同，利用电压产生频率。ECM 算出进气质量信息，ECM 利用此信息确定燃油喷射时间并提供相应的空燃比。

②发动机控制模块（ECM）利用质量空气流量传感器信号提供所有发动机转速和负载需要的正确燃油输送量。进入发动机的空气量小，表示减速或怠速状态；进入发动机的空气量大，

表示加速或高负荷状态。

→ **知识拓展**

红旗 CA7180A4 汽油发动机的空气流量计也为热膜式。其各引脚与电脑的连接情况如图 2-2-14 所示。流量计的 1 号脚为空脚，2 号脚为正 12V 电源，3 号脚为进气温度信号，4 号脚为空气流量信号，5 号脚为正 5V 电源，6 号脚为接地。

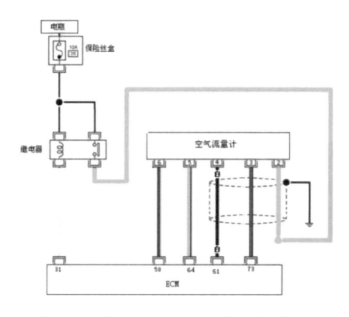

图 2-2-14　红旗 CA7180A4 空气流量计与电脑插脚的连接图

(4)科鲁兹热膜式空气流量传感器数据测量(表 2-2-1)。

表 2-2-1　空气流量传感器数据测量

作业内容	图解	技术规范
1. 读取空气流量传感器数据流		**技术要求** 1. 连接 KT600，打开点火开关 2. 按照 KT600 操作流程，读取数据流 3. 起动发动机，加速，观察"空气流量传感器"数据变化

续表

作业内容	图解	技术规范
2. 测量空气流量计电源电压		**技术要求** 1. 关闭点火开关，断开空气流量计插头连接器 2. 万用表校零，正极接 4 号端子，负极接 2 号端子 3. 将点火开关置于 ON 位置 4. 根据下表中的值测量电压 检测仪连接 / 条件 / 标准值 4-2 / 点火开关 ON / 9～12 V
3. 测量空气流量计输出波形 		**技术要求** 1. 关闭点火开关，在空气流量计处连上 T 形线，保证传感器正常工作 2. 进入诊断仪示波器测量功能，正极探针连接至端子 5，负极探针连接至搭铁 3. 起动发动机 4. 根据下表中的值测量波形 检测仪连接 / 条件 / 标准值 5-搭铁 / 起动发动机 / 脉冲方波信号，高电压 5 V，低电压 0 V

（5）故障诊断（表 2-2-2）。

表 2-2-2 故障诊断

故障可以从以下方面察觉	故障原因	诊断方法
发动机怠速不稳，加速不畅 发动机停机 发动机故障指示灯亮起 控制单元采用应急运行程序工作 有故障码存储。	传感器安装不到位 测量元件漂移、损坏 接口腐蚀 线束故障 ECM 损坏	检查插头是否正确连接 检查传感器外观是否损坏 读取故障码存储器记录 检测传感器供电 检测 ECM 与传感器之间的线束 测量传感器信号

→ **任务实施**

1. 任务准备

（1）设备：每个工位雪佛兰 2013 款科鲁兹（LDE 发动机）或大众实车一辆，车轮挡块、车轮垫块、座椅三件套、翼子板护垫及前格栅布 1 套。

（2）工具：数字万用表，诊断仪，试灯，T 形线若干。

（3）辅助材料：抹布若干。

2. 实施步骤(表 2-2-3)

在任何实车上进行时，均必须提前做好以下准备工作，后续任务不再介绍。

表 2-2-3　实施步骤

作业内容	图解	技术规范
1. 安装车轮挡块	（车轮边缘、车轮档块）	**技术要求** 1. 轮挡块的边缘与车轮的边缘平齐 2. 挡块的对称中心与车轮的对称中心平行 **安全警告** 1. 在放置车轮挡块时，车轮挡块不能撞击轮胎或轮毂，以免对车轮造成损伤 2. 变速杆放在空档，拉紧驻车制动器
2. 安装车轮垫块	（车轮垫块）	**技术要求** 车轮垫块应与车身底部的橡胶部位接触，严禁与车身底部的金属部分接触，前后一共需要安装四块
3. 安装转向盘套	（转向盘套）	**技术要求** 双手操作安装方向盘。方向盘套应完全罩住转向盘 **易发问题** 1. 转向盘套未将方向盘完全罩住 2. 在安装的过程中撕裂转向盘套

续表

作业内容	图解	技术规范
4. 安装座椅套	 座椅套	**技术要求** 　　将转向盘套放置在地板垫上，双手安装座椅套。座椅套应将座椅全部罩住 **易发问题** 　　对于塑料布类的座椅套，在安装的过程中撕裂(破)座椅套
5. 安装脚垫	 脚垫	**技术要求** 　　1. 地板垫放置要平整，不允许歪斜 　　2. 地板垫上的品牌标志和单位名称正向应朝向车辆前方 　　3. 地板垫有品牌标志和单位名称一面朝上 **特别提醒** 　　在放置地板垫时，手中的其他物品——座椅套、转向盘套等不允许放在放在驾驶人座椅、乘员座椅、仪表台等部位 　　具体参照汽车保养流程
6. 打开发动机机室盖		**技术要求** 　　先在驾驶室内拉起发动机舱盖释放杆；可靠支撑住发动机室盖 **特别提醒** 　　将支撑杆撑在可靠位置
7. 铺翼子板护垫及前格栅布		**技术要求** 　　翼子板布和前格栅布应居中放置，与车身接触的一侧必须清洁无油污（具体操作事项详见售后服务） **安全警告** 　　放置时避免击打车身而损坏漆面

续表

作业内容	图解	技术规范
8. 检查蓄电池端电压		技术要求 1. 蓄电池的端电压应达到 12 V 2. 参见万用表使用手册的正确操作 特别提醒 蓄电池的端电压低于 11 V 可能会造成发动机起动困难
9. 拔出机油尺		技术要求 干净的抹布将油尺擦拭干净
10. 将机油尺插入		技术要求 机油尺应插到位
11. 拔出机油尺，观察机油液面高度		技术要求 拔出油尺后不要将油尺前端上翘，否则会引起数值不准

雪佛兰 2013 款科鲁兹(LDE 发动机)实车电路/系统测试具体检修流程(表 2-2-4)。

表 2-2-4　实车电路/系统测试具体检修流程

作业内容	图解	技术规范
1. 断开空气流量计 B75B 的线束连接器		**技术要求** 1. 一定要在点火开关关闭的情况下断开空气流量计连接器 2. 注意连接器断开的方法，一般都有锁止装置，拔下或按下锁扣再将连接器拔下
2. 搭铁线路的断路检查（2-搭铁）		**技术要求** 1. 关闭点火开关 2. 数字万用表先校零，用 200 Ω 测量阻值标准 3. 标准电阻(断路检查) 检测仪连接／条件／规定状态 2-搭铁／始终／小于 10 Ω ≥10 Ω，转至步骤 3 <10 Ω，转至步骤 4
		特别提醒 1. 采用合适粗细的 T 形线端子 2. 用数字万用表测量阻值时，一定不允许带电操作 3. 车身金属部分均为搭铁点

续表

作业内容	图解	技术规范
3. 搭铁线路端对端的断路检查(2-G111)	G111	**技术要求** 1. 关闭点火开关 2. 数字万用表先校零,用 200 Ω 测量阻值标准 3. 标准电阻(断路检查) 表格见下 ≥2 Ω,则修理电路中的开路/电阻过大 <2 Ω,则修理搭铁连接中的开路/电阻过大故障
4. 试灯测试(点火电压 4-搭铁)		**技术要求** 1. 采用合适的 T 形线连接试灯正极与点火电压 4 号端子,检测应符合下列要求 表格见下 如果测试灯未点亮,且电路熔丝状态良好,转至步骤 5 如果测试灯未点亮,且电路熔丝状态损坏,转至步骤 6 如果测试灯亮,转至步骤 7
5. 点火线路的端对端断路检查(4-F47UA 熔丝)		**技术要求** 1. 关闭点火开关 2. 数字万用表先校零,用 200 Ω 测量阻值标准 3. 标准电阻(断路检查) 表格见下 ≥2 Ω,则修理电路中的开路/电阻过大 <2 Ω,确认熔丝未熔断且熔丝处有电压

步骤 3 表格:

检测仪连接	条件	规定状态
2-G111	始终	小于 2 Ω

步骤 4 表格:

检测仪连接	条件	规定状态
试灯连接(4-车身搭铁)	点火开关 ON	亮

步骤 5 表格:

检测仪连接	条件	规定状态
4-F47UA	始终	小于 2 Ω

作业内容	图解	技术规范
6. 点火电压电路对搭铁的短路检查（4-搏铁）		技术要求 1. 关闭点火开关 2. 数字万用表先校零，用 200 Ω 测量阻值标准 3. 标准电阻 检测仪连接｜条件｜规定状态 4-搏铁｜始终｜∞ ≠∞，则修理电路上的对搭铁短路故障 ＝∞，测试所有连接至点火电压电路的部件并在必要时予以更换
7. 信号电压的检查（5-搏铁） 		技术要求 1. 数字万用表应校零 2. 测电压时，数字万用表选择直流 20 V 档位，正负极一定要与被测部件的正负极一致 3. 标准电压 检测仪连接｜条件｜规定状态 5-车身搏铁｜ON｜4.8～5.2 V 若＜4.8 V，转至步骤 8 若＞5.2 V 转至步骤 10 若在 4.8～5.2 V 之间，更换 B75B 质量空气流量/进气温度传感器
8. 信号线路对搭铁的短路检查（5-搏铁） 		技术要求 1. 关闭点火开关 2. 断开蓄电池负极，断开 K20 发动机控制模块的 X1 线束连接器 3. 数字万用表先校零，用 200 Ω 测量阻值标准

续表

作业内容	图解	技术规范
		4. 标准电阻 表格: 检测仪连接 / 条件 / 规定状态 5-搭铁 / 始终 / ∞ ≠∞，则修理电路上的对搭铁短路故障 ＝∞，转至步骤 9 **特别提醒** 禁止用手去触摸电控单元端子
9. 信号线路端对端的断路检查[5-51(X1)] 		**技术要求** 1. 关闭点火开关，断蓄电池负极，断 K20 发动机控制模块的 X1 线束连接器 2. 数字万用表先校零，用 200 Ω 测量阻值标准 3. 标准电阻(断路检查) 表格: 检测仪连接 / 条件 / 规定状态 5-51(X1) / 始终 / 小于 2 Ω ≥2 Ω，则修理电路中的开路/电阻过大 <2 Ω，更换 K20 发动机控制模块
10. 信号线路对电压短路的检查(5-搭铁)		**技术要求** 1. 关闭点火开关 2. 断开蓄电池负极，断开 K20 发动机控制模块的 X1 线束连接器 3. 点火开关置于 ON 4. 根据下表中的值用数字万用表直流 20 V 档测量电压 表格: 检测仪连接 / 条件 / 规定状态 5-搭铁 / ON / 是否低于 1 V ≥1 V 或更高，则修理电路上的对电压短路故障 <1 V，则更换 K20 发动机控制模块

作业内容	图解	技术规范
11. 修复后再次检查故障码和数据流，5S 工作		**技术要求** 设备和现场的整理工作

Mission 3　进气管绝对压力传感器的检修

知识与技能目标：

(1)能叙述进气管绝对压力传感器的作用、类型并能指出其在实车上的安装位置；

(2)认识进气管绝对压力传感器的结构；

(3)会分析压敏电阻式进气管绝对压力传感器的工作原理；

(4)会分析进气管绝对压力传感器的控制电路和故障原因；

(5)会进行进气管绝对压力传感器的检修。

过程与方法目标：

(1)学习过程中养成服从指挥的习惯；

(2)养成工作前、工作中和工作后的5S的习惯。

情感态度价值观目标：

(1)学会与同学合作交流，在合作交流的过程中获益；

(2)养成爱岗敬业、团结协作的职业意识。

→ 必备知识

一、进气压力传感器

1. 作用

进气压力传感器又称进气歧管压力传感器(Manifold Absolute Pressure Sensor，MAP)，是汽油发动机 D 型燃油喷射系统的主要部件，其作用相当于空气流量计，主要通过检测节气门后方进气管内的进气压力，计算进气量，决定基本喷油量和基本点火提前角。

2. 安装位置

进气压力传感器应安装在汽车进气歧管上，其位置在进气歧管的上方，以防积水。图 2-3-1 为科鲁兹进气压力传感器的安装位置。

图 2-3-1　科鲁兹进气压力传感器安装位置

3. 分类

（1）半导体压敏电阻式。

$$
进气压力传感器
\begin{cases}
电压型
\begin{cases}
半导体压敏电阻式 \\
真空膜盒式
\end{cases} \\
频率型
\begin{cases}
电容式 \\
表面弹性波式
\end{cases}
\end{cases}
$$

（2）表面弹性波式。

目前发动机电子控制系统中，应用最为广泛的是半导体压敏电阻式进气歧管压力传感器。下面介绍其结构原理及应用。

二、压敏电阻式进气管压力传感器

1. 结构

半导体压敏电阻式进气歧管绝对压力传感器结构如图 2-3-2 所示，其压力转换元件是利用半导体的压阻效应制成的硅膜片（硅芯片）。硅膜片的一面是真空室，另一面导入进气歧管压力。硅膜片约为 3 mm 的正方形，其中部经光刻腐蚀形成直径约 2 mm、厚约 50 mm 的薄膜，薄膜周围有 4 个应变电阻，以单臂电桥方式连接。

2. 工作原理和特点

结构如图 2-3-2 和原理如图 2-3-3 所示。由于薄膜一侧是真空室，因此薄膜的另一侧即进气歧管内绝对压力越高，硅膜片的变形越大，其应变与压力成正比，附着在薄膜上的应变电阻的阻值随应变成正比变化，这样就可以利用电桥将基础膜片的变形变成电信号。因为输出的电信号很微弱，所以需用混合集成电路进行放大后输出。这种压阻式进气压力传感器输出的信号电压，具有随进气歧管绝对压力的增大呈线性增大的特性。

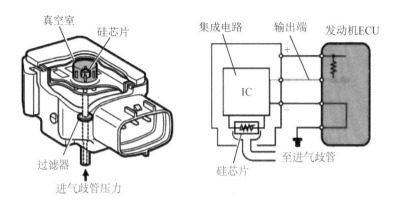

图 2-3-2　压敏电阻式进气管绝对压力传感器结构

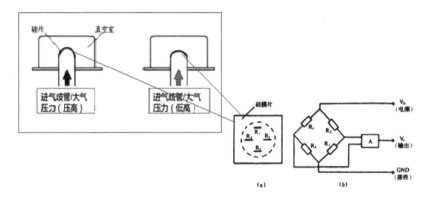

图 2-3-3　压敏电阻式进气歧管压力传感器的工作原理

　　压敏电阻式进气压力传感器的工作原理：由应变电阻 R1、R2、R3、R4，它们构成惠斯顿电桥并与硅膜片粘接在一起。硅膜片在歧管内的绝对压力作用下可以变形，从而引起应变电阻 R 阻值的变化，歧管内的绝对压力越高，硅膜片的变形越大，从而电阻 R 的阻值变化也越大。即把硅膜片机械式的变化转变成了电信号，再由集成电路放大后输出至发动机电子控制单元。具有相应时间快、检测精度高、尺寸小、安装灵活等优点，广泛使用在 D 型喷射系统中。

三、真空膜盒式进气管绝对压力传感器

　　真空膜盒式进气压力传感器，也叫膜盒测压器。测压器可根据压力变化驱动电子传感器。

1. 结构

　　真空膜盒式进气压力传感器的识别膜盒测压器的膜盒由薄金属片焊接而成，在其内部抽

真空，外部接进气歧管，膜盒外面压力的变化使其膨胀、收缩，图为膜盒测压器。当膜盒接受正压力，如大气压力时，膜壁受压后收缩。要测量进气歧管的绝对压力，可使膜盒的气压室与发动机进气歧管相连，当进气歧管压力变化时，膜盒即收缩或膨胀，使操纵杆外伸或回缩。膜盒的动作使操纵杆的移动和进气歧管绝对压力的变化呈线性关系。把膜盒的机械运动变换成电信号输出，可以采用可变电阻器(电位计)、可变电感器和差动变压器三种装置(图 2-3-4)。

2. 工作原理

(1)可变电阻器式真空膜盒进气压力传感器结构原理如图 2-3-5 所示。

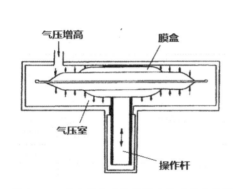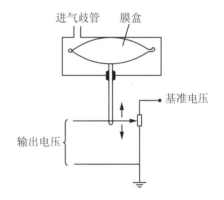

图 2-3-4　真空膜盒式进气压力传感器结构图　图 2-3-5　可变电阻器式进气压力传感器结构原理图

当电位计的滑动臂在电阻上移动时，对加在电阻上的电压起分压作用。当空气压力降低时，操纵杆使滑动触点向电阻的搭铁端移动，由于电阻增加，使输出电压减小；反之，空气压力增高时，则输出电压增大。该传感器的灵敏度由滑动触点的行程大小决定。

(2)可变电感器式真空膜盒进气压力传感器结构原理如图 2-3-6 所示。

振荡器输出的交变电压通过线圈 W1，由互感作用而使线圈 W2 产生电压，电压的大小由两线圈耦合情况而定。耦合越紧，输出电压越大，所以，在铁心向两线圈中间运动时，输出电压信号会得到增强。在可变电感式进气压力传感器中，铁心和线圈之间的位置是由膜盒控制的。进气歧管绝对压力升高时，膜盒收缩，使铁心向线圈中部运动，这时输出的信号会增强。

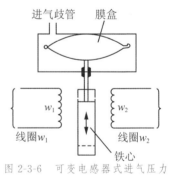

图 2-3-6　可变电感器式进气压力
传感器结构原理图

(3)差动变压器式真空膜盒进气压力传感器结构原理如图 2-3-7 所示。

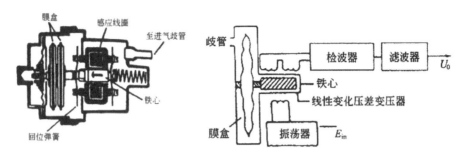

图 2-3-7　差动变压器式进气压力传感器结构原理图

差动变压器式进气压力传感器与可变电感式进气压力传感器结构相似，如图 2-3-7 所示，主要由膜盒、随膜盒膨胀与收缩的铁心、感应线圈以及电路组成。感应线圈由两个绕组构成，一个与振荡电路连接，产生交变电压，并在线圈周围产生磁场；另一个为感应线圈，产生信号电压。这种差动变压器式进气压力传感器的输出感应线圈有两个，当交流电通过一个线圈时，两个二次线圈都产生感应电压。当铁心在中心位置时，两个二次线圈的位置可保证输出电压相等，因为两个线圈的极性相反，输出电压互相抵消，实际上传感器输出电压为零。当铁心从中间向一端移动时，一个线圈输出的电压将大于另一个线圈，这一电压差即为输出信号电压，其大小由铁心移动距离决定。当进气歧管压力发生变化时，膜盒带动铁心在膜盒磁场中移动，使感应线圈产生的信号电压也变化，这个变化的电压经电子电路检波、整形和放大后，输入电控单元 ECU。

四、 电容式进气管绝对压力传感器

电容式进气管绝对压力传感器结构示意图如图 2-3-8 所示。

位于传感器壳体内腔的弹性膜片用金属制成，弹性膜片上、下两个凹玻璃的表面也均有金属涂层，这样在弹性膜片与两个金属涂层之间形成两个串联的电容。

电容式进气管绝对压力传感器利用电容效应检测进气管绝对压力。发动机工作时，进气管内的空气压力作用于弹性膜片上，使弹性膜片产生位移，弹性膜片与两个金属涂层之间的距离发生变化，一个距离减小，而另一个距离增大，在弹性膜片与两

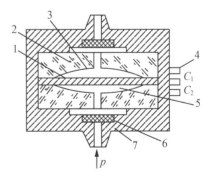

图 2-3-8　电容式进气管绝对压力
传感器结构示意图

1. 弹性膜片　2. 凹玻璃　3. 金属涂层
4. 输出端子　5. 空腔　6. 滤网　7. 壳体

个金属涂层之间形成的两个电容的电容量也就一个增加，另一个则减小。电容量的变化量与弹性膜片的位移成正比，而弹性膜片的位移取决上、下两个空腔的气体压力，只要弹性膜片上部的空腔为绝对真空，下部空腔通进气管，则可通过检测电容量的变化来检测进气管的绝对压力。电容量的变化量再经过测量电路转换成电压信号输送给 ECU，测量电路可以是电容电桥电路或谐振电路等。

五、 进气压力传感器在实车上的应用（以雪佛兰 2013 款科鲁兹 LDE 发动机为例）

雪佛兰 2013 款科鲁兹 LDE 发动机上使用的是半导体压敏式进气压力传感器。

1. 实物结构图（图 2-3-9）

图 2-3-9　科鲁兹进气压力传感器实物图

2. 实车端子及电路图描述（图 2-3-10 和 2-3-11）

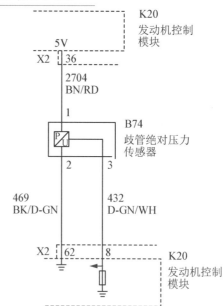

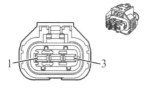

图 2-3-10　科鲁兹进气管绝对
压力传感器线束端端子

图 2-3-11　科鲁兹进气管绝对压力传感器系统电路
1. 5 V 参考电压电压电路　2. 低电平参考电压电路（搭铁）　3. 信号线路

3. 功能原理描述

科鲁兹发动机歧管绝对压力传感器有一个 5 V 参考电压电路、一个低电平参考电压电路和一个信号电路。发动机控制模块向歧管绝对压力传感器 5 V 参考电压电路提供 5 V 电压，并向低电平参考电压电路提供搭铁。歧管绝对压力传感器通过信号电路向发动机控制模块提供与进气歧管压力变化相关的电压信号。

4. 实车数据测量（表 2-3-1）

表 2-3-1　实车数据测量

作业内容	图解	技术规范
1. 读取进气压力传感器数据流		**技术要求** 1. 连接 KT600，打开点火开关 2. 按照 KT600 操作流程，读取相关数据流 3. 起动发动机，加速，分别观察"进气压力传感器"数据变化
2. 测量进气压力传感器电源电压		**技术要求** 1. 关闭点火开关，断开进气压力传感器插头连接器 2. 万用表校零，将万用表正极接 1 号端子，负极接 2 号端子 3. 将点火开关置于 ON 位置 4. 根据下表的要求测量 检测仪连接 / 条件 / 标准值 1-2 / 点火开关 ON / 4.8～5.2 V
3. 测量进气压力传感器输出信号电压		**技术要求** 1. 关闭点火开关，在进气压力传感器处连上 T 形线，保证传感器正常工作 2. 万用表校零后将正极接 3 号端子，负极接 2 号端子 3. 起动发动机怠速，加速，注意观察信号电压的变化情况

5. 故障诊断（表 2-3-2）

表 2-3-2　故障诊断

故障可以从以下方面察觉	故障原因	诊断方法
发动机起动困难 发动机急速不稳 发动机加速不畅 发动机指示灯亮起 有故障记忆 控制单元采用应急运行程序工作	测量元件因振动而损坏 接口腐蚀 传感器安装不到位 线束插头连接不牢 传感器损坏 导线故障 ECM 损坏	检查插头是否正确连接，检查触点 检查传感器是否损坏 检查传感器供电 线束连接是否正常 检测导线 测量传感器信号 读取故障码存储器记录

→ **任务实施**

1. 任务准备

（1）设备：每个工位雪佛兰 2013 款科鲁兹（LDE 发动机）实车一辆，车轮挡块、座椅三件套、翼子板护垫及前格栅布一套。

（2）工具：每个工位数字万用表一只，诊断仪一套，带 3A 熔断丝跨接线一根，T 形线若干。

（3）辅助工具：抹布若干。

2. 实施步骤（表 2-3-3）

表 2-3-3　雪佛兰 2013 款科鲁兹（LDE 发动机）实车电路/系统测试具体检修流程

作业内容	图解	技术规范
1. 断开进气歧管压力传感器 B74 的连接器		**技术要求** 1. 一定要在点火开关关闭的情况下，断开进气歧管压力传感器连接器 2. 注意连接器断开的方法，一般都有锁止装置，拔下或按下锁扣再将连接器拔下 **特别提醒** 可能需要 2 min 才能让所有车辆系统断电

作业内容	图解	技术规范
2. 低电平线路的断路检查（2-搭铁）		**技术要求** 1. 关闭点火开关 2. 数字万用表先校零，用200 Ω测量阻值标准 3. 标准电阻（断路检查） 表格见下 ≥10 Ω，转至步骤3 <10 Ω，转至步骤4 **特别提醒** 1. 采用合适粗细的T形线端子 2. 用数字万用表测量阻值时，一定不允许带电操作 3. 车身金属部分均为搭铁点
3. 低电平线路端对端的断路检查[2-62(X2)] 		**技术要求** 1. 关闭点火开关，断蓄电池负极，断K20发动机控制模块的X2线束连接器 2. 数字万用表先校零，用200 Ω测量阻值标准 3. 标准电阻（断路检查） 表格见下 ≥2 Ω，则修理电路中的开路/电阻过大 <2 Ω，更换K20发动机控制模块 **特别提醒** 1. 禁止用手去触摸电控单元端子 2. 注意X2的断开方法
4.5 V参考电压的检查（1-搭铁）		**技术要求** 1. 数字万用表应校零 2. 测电压时，数字万用表选择直流20 V档位，正负极一定要与被测部件的正负极一致

步骤2表格：

检测仪连接	条件	规定状态
2-搭铁	始终	小于10 Ω

步骤3表格：

检测仪连接	条件	规定状态
2-62(X2)	始终	小于2 Ω

续表

作业内容	图解	技术规范
		3. 标准值 | 检测仪连接	条件	规定状态 | |---|---|---| | 1-车身搭铁 | ON | 4.8～5.2 V | 若＜4.8 V，转至步骤 5 若＞5.2 V，转至步骤 7 若在 4.8～5.2 V 之间，转至步骤 8
5.5 V 参考电压端对搭铁的短路检查（1-搭铁）		技术要求 1. 关闭点火开关 2. 断开蓄电池负极，断开 K20 发动机控制模块的 X2 线束连接器 3. 数字万用表先校零，用 200 Ω 测量阻值标准 4. 标准电阻 | 检测仪连接	条件	规定状态 | |---|---|---| | 1-搭铁 | 始终 | ∞ | ≠∞，则修理电路上的对搭铁短路故障 ＝∞，转至步骤 6
6.5 V 参考电压端对端断路检查［1-36（X2）］		技术要求 1. 关闭点火开关，断蓄电池负极，断 K20 发动机控制模块的 X2 线束连接器 2. 数字万用表先校零，用 200 Ω 测量阻值标准 3. 标准电阻（断路检查） | 检测仪连接	条件	规定状态 | |---|---|---| | 1-36(X2) | 始终 | 小于 2 Ω | ≥2 Ω，则修理电路中的开路/电阻过大 ＜2 Ω，更换 K20 发动机控制模块 特别提醒 1. 禁止用手去触摸电控单元端子 2. 注意 X2 的断开方法

作业内容	图解	技术规范
7.5 V 参考电压端对电压短路的检查（1-搭铁）		**技术要求** 1. 关闭点火开关 2. 断开蓄电池负极，断开 K20 发动机控制模块的 X2 线束连接器 3. 测电压时，数字万用表选择直流 20 V 档位，正负极一定要与被测部件的正负极一致 4. 标准电压 <table><tr><td>检测仪连接</td><td>条件</td><td>规定状态</td></tr><tr><td>1-车身搭铁</td><td>ON</td><td>小于 1 V</td></tr></table> ≥1 V，则修理电路上的对电压短路故障 <1 V，更换 K20 发动机控制模块
8. 信号电压电路的检查（3-搭铁）		**技术要求** 1. 数字万用表应校零 2. 测电压时，数字万用表选择直流 20 V 档位，正负极一定要与被测部件的正负极一致 3. 标准电压 <table><tr><td>检测仪连接</td><td>条件</td><td>规定状态</td></tr><tr><td>3-车身搭铁</td><td>ON</td><td>小于 0.3 V</td></tr></table> ≥0.3 V，转至步骤 9 <0.3 V，转至步骤 10
9. 信号电压端对电压短路的检查（3-搭铁）		**技术要求** 1. 关闭点火开关 2. 断开蓄电池负极，断开 K20 发动机控制模块的 X2 线束连接器 3. 点火开关置于 ON 4. 根据下表中的值用数字万用表直流 20 V 档测量电压 <table><tr><td>检测仪连接</td><td>条件</td><td>规定状态</td></tr><tr><td>3-搭铁</td><td>ON</td><td>小于 1 V</td></tr></table> ≥1 V，则修理电路上的对电压短路故障 <1 V，则更换 K20 发动机控制模块

续表

作业内容	图解	技术规范
10. 诊断仪数据流检查		**技术要求** 1. 信号端子 3 和 5 V 参考电压电路 1 之间安装一条带 3 A 熔丝的跨接线 2. 连接诊断仪读取数据流 | 检测仪连接	条件	规定状态
3-1	跨接 3 A 跨接线	高于 126 kPa | ≤126 kPa，转至步骤 11 >126 kPa，测试或更换 B74 进气歧管绝对压力传感器 **特别诊断** 1. 如果跨接线中的熔丝熔断，则信号电路可能对电压短路或对搭铁短路且传感器可能损坏 2. 注意诊断仪的正确操作
11. 信号电路端对搭铁的短路检查（3-搭铁）		**技术要求** 1. 关闭点火开关 2. 断开蓄电池负极，断开 K20 发动机控制模块的 X2 线束连接器 3. 数字万用表先校零，用 200 Ω 测量阻值标准 4. 标准电阻 | 检测仪连接	条件	规定状态
3-搭铁	始终	∞ | ≠∞，则修理电路上的对搭铁短路故障 =∞，转至步骤 12
12. 信号电路端对端的断路检查［3-8(X2)］		**技术要求** 1. 关闭点火开关，断蓄电池负极，断 K20 发动机控制模块的 X2 线束连接器 2. 数字万用表先校零，用 200 Ω 测量阻值标准 3. 标准电阻(断路检查) | 检测仪连接	条件	规定状态
3-8(X2)	始终	小于 2 Ω	

续表

作业内容	图解	技术规范
		≥2 Ω，则修理电路中的开路/电阻过大 <2 Ω，更换 K20 发动机控制模块
13. 修复后再次检查故障码和数据流，5S 工作		**技术要求** 设备和现场的整理工作

任务 4 节气门位置传感器的检修

→ 必备知识

一、节气门位置传感器简介

1. 作用

节气门位置传感器(TPS)的作用非常重要，它是 ECM 计算点火时刻和喷油控制的主要传感器之一。其功能如下：

(1)输入功能。

ECM 随时监测 TPS 信号，获知发动机负荷信息，同时根据进气歧管绝对压力、发动机转速、冷却液温度和氧传感器信号等控制混合气浓度和点火正时。

(2)清除溢油。

起动发动机时，燃油喷射系统向发动机供给较浓的混合气，以便使其顺利起动。如果多次起动未成功，那么积存在气缸内的燃油蒸气就会浸湿火花塞，使发动机起动更加困难。火花塞被燃油蒸气浸湿的现象称为"溢油"。如果在起动过程中节气门完全打开，ECM 会大大减少供油或完全关闭喷油器，以帮助清除气缸内的燃油蒸气，使火花塞干燥，从而保证火花塞能正常跳火，这通常被称为"清除溢油"。ECM 执行"清除溢油"程序需要同时满足 3 个条件：发动机转速较低(通常低于 300 r/min)；节气门全开(或开度大于 80%)；点火开关位于起动位置。因此，起动发动机时踩下加速踏板，不但没有必要，而且可能进入"清除溢油"程序导致发动机无法起动。

(3)锁止离合器的控制。

在配置自动变速器的车辆上，ECM 会将 TPS 信号通过串行数据总线分享给自动变速器控制模块(TCM)，如果 TCM 检查到突然加速，它会释放液力变矩器中的锁止离合器，充分利用变矩器的增扭功能，增加变速器的输入转矩，以帮助变速器实现大的转矩输出。

(4)诊断其他传感器。

TPS、MAF、MAP 都可以反应发动机负荷信息，因此，TPS 信号与其他传感器的信号对比，可以快速诊断 MAP 和 MAF。例如，如果 TPS 显示为节气门全开，MAF 和 MAP 也应该表明现在发动机处于大负荷，否则，ECM 将会生成关于 TPS、MAF 和 MAP 相关的故障码。

(5)AT 换档点选择。

节气门开度信息是自动变速器的重要换档参数。如果节气门开度很大，表明车辆需要的驱动力比较大，因此，TCM 延迟换档，变速器在低速档位工作，以获得比较大的转矩输出，使车辆获得更大的驱动力。如果节气门开度很小，换档点将会出现在设计的最小车速上，以获得良好的燃油经济性。

(6)设定怠速。

如果 TPS 信号显示怠速，ECM 将会通过怠速空气控制和点火控制来保持设定的怠速转速。如果 TPS 信号显示节气门离开怠速，燃油供给系统和点火系统将执行加速。如果节气门翻板卡住，怠速将不会正常。

(7)空调控制。

TPS 信号用于牵引力控制和空调压缩机控制，如果 ECM 检测到节气门位置处于或向全开位置打开，空调压缩机离合器则不会结合，以满足车辆的牵引力需求。

(8)备用策略。

如果 ECM 检查到 MAF 或 MAP 失效，将会用 TPS 做备份。ECM 利用发动机转速和节气门位置计算点火正时和燃油需求，使发动机可以继续运行，保证车辆能够行驶至服务站。

2. 类型

节气门位置传感器有电位计式和非接触式两种，非接触式又分霍尔式、磁阻式和电感应式三种。目前在车辆上广泛使用的电位计式和霍尔式两种，本文将重点介绍这两种节气门位置传感器。

二、 电位计式节气门位置传感器

1. 结构

如图 2-4-1 所示，节气门位置传感器(TPS)和节气门控制单元集成一体，通常一个节气门控制单元由节气门壳体、节气门、节气门驱动装置、2 个节气门驱动角度传感器(滑动电位计)和壳体端盖内的集成电子装置组成。

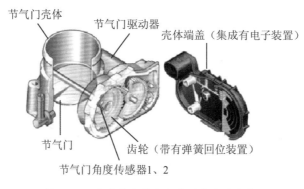

节气门壳体　节气门驱动器　壳体端盖（集成有电子装置）
节气门　齿轮（带有弹簧回位装置）
节气门角度传感器1、2

图 2-4-1　电位计式节气门位置传感器实物图

2. 原理

发动机控制模块 ECM 根据加速踏板位置传感器(APP)、自动变速器模块和空调系统等输入信号计算出节气门开度，然后通过向节气门开度驱动器(电动机)提供相应的脉冲宽度调制信号(PWM)，由驱动器驱动齿轮转动，再由齿轮带动节气门，将节气门打开到合适的开度，如图 2-4-2 所示。节气门在打开的同时，带动节气门驱动器角度传感器中的电位计触点滑动，从而改变了测量电路中两个机械可变电阻的电阻值，电阻值的改变对应反馈给 ECM 的电压值 V1 和 V2 就会变化，即 ECM 根据传感器反馈的 V1 和 V2 计算出当前节气门的开度，测量电路如图 2-4-3 所示。

电压 V1、V2 和节气门开度的关系如图 2-4-4 所示，V1 和 V2 在随着节气门打开的同时呈线性的一个变大，另一个变小，且二者电压总和始终保持 5 V 不变。这样的变化关系被作为特性曲线程序写入 ECM 内，节气门在实际控制时只要不能符合这种既定程序，ECM 就会记录故障码存储，节气门即被控制在应急运行模式下，开度保持在 6°，此时发动机功率被限制。

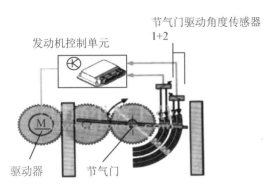 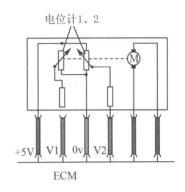

图 2-4-2　电位计式节气门位置传感器工作示意图　图 2-4-3　电位计式节气门位置传感器测量电路图

3. 特点

电位计式 TPS 结构简单，成本较低，但是容易出现磨损和断路等故障。

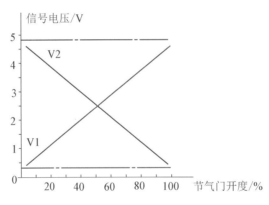

图 2-4-4　节气门开度与电压变化的特性曲线图

三、 霍尔式节气门位置传感器

1. 结构

霍尔式节气门位置传感器的结构和电位计式的基本相同，只是节气门总成内部测量节气门开度的元件由两个触点滑动的电位计改成了两个非接触式的霍尔传感器。

2. 原理

如图 2-4-5 所示的工作原理图，两个霍尔传感器共用 5 V 参考电源电压和搭铁，当 ECM 根据各种负荷输入信号计算出节气门开度后，便发出 PWM 信号控制节气门驱动电动机将节气门打开到预定位置，节气门驱动机构带动两个霍尔传感器内部的霍尔元件产生镜像角位移，在霍尔效应作用下产生两个镜像反馈电压信号 V1 和 V2，如图 2-4-6 所示，V1 和 V2 都呈线性镜像变化，且 V1 和 V2 总和始终为 5 V。这样的变化关系被作为特性曲线程序写入 ECM 内，节气门在实际控制时只要不能符合这种既定程序，ECM 就会记录故障码存储，节气门即被控制在应急运行模式下，开度保持在 6°，此时发动机功率被限制。

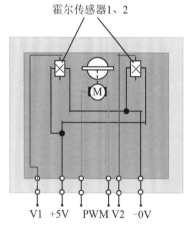

图 2-4-5　霍尔式节气门位置
传感器工作原理图

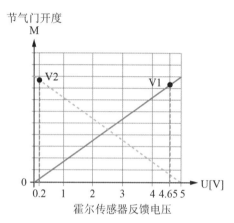

图 2-4-6　霍尔式节气门位置传感器节气门
开度与电压变化的特性曲线图

3. 特点

霍尔式节气门位置传感器的特点是信号稳定，由于是非接触式的，所以使用寿命长，目前被更广泛的使用，但成本较高。

四、 节气门位置传感器在实车上的应用（以雪佛兰科鲁兹 2013 款 LDE 为例）

雪佛兰科鲁兹 2013 款 LDE 的节气门位置传感器是电位计式的。

1. 实物图和安装位置

节气门位置传感器安装在进气管的空气滤清器后部，节气门总成上。图 2-4-7 和图 2-4-8 分别为节气门位置传感器的安装位置图和实物图。

图 2-4-7　节气门位置传感器安装　　　　图 2-4-8　节气门总成实物图

2. 实车传感器端子和电路图描述

(1)图 2-4-9 为科鲁兹节气门位置传感器线束端端子图。

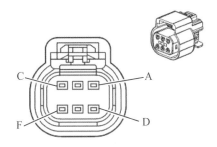

图 2-4-9　科鲁兹节气门位置传感器线束端端子图

(2)图 2-4-10 为科鲁兹节气门位置传感器系统电路图。

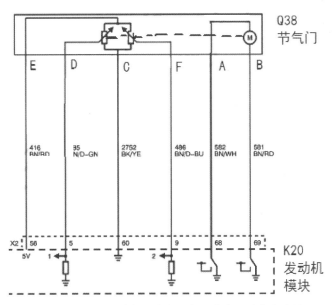

图 2-4-10　科鲁兹节气门位置传感器系统电路图

A、B端子：ECM控制节气门驱动电动机的PWM信号；C端子：低电平参考电压电路（搭铁电路）；D、F端子：分别为反馈给ECM的1号和2号信号电路；E端子：5 V参考电压电路。

3. 功能原理描述

节气门体总成包含2个节气门体位置传感器。节气门体位置传感器安装在节气门体总成上且不可维修。节气门位置传感器将提供一个相对节气门叶片角度变化的信号电压。发动机控制模块（ECM）向节气门位置传感器提供1个通用5 V参考电压电路、1个通用低电平参考电压电路和2个独立的信号电路。两个节气门位置传感器的功能相反。当踩下加速踏板至节气门全开（WOT）位置时，节气门位置传感器1信号电压降低，节气门位置传感器2信号电压升高，两个传感器信号电压之和始终为5 V。

4. 实车数据测量（表2-4-1）

表2-4-1　实车数据测量

作业内容	图解	技术规范
1. 读取节气门位置传感器数据流		**技术要求** 1. 连接KT600，打开点火开关 2. 按照KT600操作流程，读取数据流 3. 起动发动机，加速，分别观察"节气门位置传感器"数据变化
2. 测量节气门位置传感器电源电压		**技术要求** 1. 关闭点火开关，断开节气门位置传感器插头连接器 2. 万用表校零，正极接端子E，负极接端子C 3. 将点火开关置于ON位置 4. 根据下表中的要求测量 检测仪连接：E-C　条件：点火开关ON　标准值：4.8～5.2 V

5. 故障诊断（表 2-4-2）

表 2-4-2　故障诊断

失灵可以从以下方面察觉	失灵原因	诊断
发动机加速不畅 怠速不稳 发动机指示灯亮 有故障记忆 发动机控制模块以应急模式运行工作：发动机功率被限制	线束插头连接不牢 触点问题 内部短路、断路 线路问题 ECM 损坏	检查传感器导线、插头和电气接口是否正确连接、断裂和被腐蚀 读取故障码存储器记录 检查传感器是否损坏 用示波器记录信号 检测导线

→ **任务实施**

1. 任务准备

（1）设备：每个工位雪佛兰 2013 款科鲁兹（LDE 发动机）实车一辆，车轮挡块、座椅三件套、翼子板护垫及前格栅布 1 套。

（2）工具：每个工位数字万用表 1 只，诊断仪器 1 套，3 A 熔丝的跨接线一根，T 形线若干。

（3）辅助工具：抹布若干。

2. 实施步骤（表 2-4-3）

表 2-4-3　雪佛兰 2013 款科鲁兹（LDE 发动机）实车电路/系统测试具体检修流程

作业内容	图解	技术规范
1. 断开节气门位置传感器 Q38 的连接器	 线束连接器	**技术要求** 1. 一定要在点火开关关闭的情况下断开节气门位置传感器连接器 2. 注意连接器断开的方法，一般都有锁止装置，拔下或按下锁扣再将连接器拔下 **特别提醒** 1. 可能需要 2 min 才能让所有车辆系统断电 2. 断开节气门体线束连接器可能会导致其他故障诊断码设置

续表

作业内容	图解	技术规范
2. 低电平线路的断路检查(C-搭铁)		**技术要求** 1. 关闭点火开关 2. 数字万用表先校零，用 200 Ω 测量阻值标准 3. 标准电阻(断路检查) **特别提醒** 1. 采用合适粗细的 T 形线端子 2. 用数字万用表测量阻值时，一定不允许带电操作 3. 车身金属部分均为搭铁点
3. 低电平线路端对端断路检查[C-60(X2)]		**技术要求** 1. 关闭点火开关，断蓄电池负极，断 K20 发动机控制模块的 X2 线束连接器 2. 数字万用表先校零，用 200 Ω 测量阻值标准 3. 标准电阻(断路检查) **特别提醒** 1. 禁止用手去触摸电控单元端子 2. 注意 X2 的断开方法
4.5 V 参考电压的检查(E-搭铁)		**技术要求** 1. 数字万用表应校零 2. 测电压时，数字万用表选择直流 20 V 档位正负极一定要与被测部件的正负极一致

作业内容2的技术规范内表格：

检测仪连接	条件	规定状态
C-搭铁	始终	小于 5 Ω

≥5 Ω，转至步骤 3
<5 Ω，转至步骤 4

作业内容3的技术规范内表格：

检测仪连接	条件	规定状态
C-60(x2)	始终	小于 2 Ω

≥2 Ω，则修理电路中的开路/电阻过大
<2 Ω，更换 K20 发动机控制模块

续表

作业内容	图解	技术规范
		3. 标准值 表格： 检测仪连接 / 条件 / 规定状态 E-车身搭铁 / ON / 4.8～5.2 V 若＜4.8 V，转至步骤 5 若＞5.2 V，转至步骤 7 若在 4.8～5.2 V 之间，转至步骤 8
5.5 V 参考电压端对搭铁的短路检查（E-搭铁）		技术要求 1. 关闭点火开关 2. 断开蓄电池负极，断开 K20 发动机控制模块的 X2 线束连接器 3. 数字万用表先校零，用 200 Ω 测量阻值标准 4. 标准电阻 表格： 检测仪连接 / 条件 / 规定状态 E-搭铁 / 始终 / ∞ ≠∞，则修理电路上的对搭铁短路故障 ＝∞，转至步骤 6
6.5 V 参考电压端对端断路检查［E-56（X2）］		技术要求 1. 关闭点火开关，断蓄电池负极，断 K20 发动机控制模块的 X2 线束连接器 2. 数字万用表先校零，用 200 Ω 测量阻值标准 3. 标准电阻（断路检查） 表格： 检测仪连接 / 条件 / 规定状态 E-56（X2） / 始终 / 小于 2 Ω ≥2 Ω，则修理电路中的开路/电阻过大 ＜2 Ω，更换 K20 发动机控制模块 特别提醒 1. 禁止用手去触摸电控单元端子 2. 注意 X2 的断开方法

作业内容	图解	技术规范
7.5 V 参考电压端对电压短路的检查(E-搭铁)		技术要求 1. 关闭点火开关 2. 断开蓄电池负极,断开 K20 发动机控制模块的 X2 线束连接器 3. 测电压时,数字万用表选择直流 20 V 档位,正负极一定要与被测部件的正负极一致 4. 标准值 | 检测仪连接 | 条件 | 规定状态 | | E-车身搭铁 | ON | 小于 1 V | ≥1 V,则修理电路上的对电压短路故障 <1 V,更换 K20 发动机控制模块
8. 信号电压端的检查(D-搭铁)		技术要求 1. 数字万用表应校零 2. 测电压时,数字万用表选择直流 20 V 档位,正负极一定要与被测部件的正负极一致 3. 标准值 | 检测仪连接 | 条件 | 规定状态 | | D-车身搭铁 | ON | 小于 1 V | ≥1 V,转至步骤 9 <1 V,转至步骤 10 特别提醒 D 号线为节气门位置传感器 1 的信号线路 F 号线为节气门位置传感器 2 的信号线路
9. 信号电压端对电压短路的检查(D-搭铁)		技术要求 1. 关闭点火开关 2. 断开蓄电池负极,断开 K20 发动机控制模块的 X2 线束连接器 3. 点火开关置于 ON 4. 根据下表中的值用数字万用表直流 20 V 档测量电压

续表

作业内容	图解	技术规范
		<table><tr><td>检测仪连接</td><td>条件</td><td>规定状态</td></tr><tr><td>D-搭铁</td><td>ON</td><td>小于 1 V</td></tr></table>　≥1 V，则修理电路上的对电压短路故障　＜1 V，则更换 K20 发动机控制模块
10. 诊断仪数据流检查		**技术要求**　1. 信号端子 D 和 5 V 参考电压电路端子 E 之间安装一条带 3 A 熔丝的跨接线　2. 进入诊断仪读取数据流<table><tr><td>检测仪连接</td><td>条件</td><td>规定状态</td></tr><tr><td>D-E</td><td>跨接 3 A 跨接线</td><td>高于 4.8 V</td></tr></table>　≤4.8 V，转至步骤 11　＞4.8 V，转至步骤 13　**特别提醒**　1. 跨接线必须带 3 A 的熔丝，以防跨接时损坏电控单元　2. 注意诊断仪的正确操作
11. 信号电路端对搭铁的短路检查（D-搭铁）		**技术要求**　1. 关闭点火开关　2. 断开蓄电池负极，断开 K20 发动机控制模块的 X2 线束连接器　3. 数字万用表先校零，用 200 Ω 测量阻值标准　4. 标准电阻<table><tr><td>检测仪连接</td><td>条件</td><td>规定状态</td></tr><tr><td>D-搭铁</td><td>始终</td><td>∞</td></tr></table>　≠∞，则修理电路上的对搭铁短路故障　＝∞，转至步骤 12

作业内容	图解	技术规范
12. 信号电路端对端的断路检查［D-5（X2）］		**技术要求** 1. 关闭点火开关，断蓄电池负极，断K20 发动机控制模块的 X2 线束连接器 2. 数字万用表先校零，用 200 Ω 测量阻值标准 3. 标准电阻（断路检查） （见下表） ≥2 Ω，则修理电路中的开路/电阻过大 <2 Ω，更换 K20 发动机控制模块
13. 信号线路的检查（F-搭铁）		**技术要求** 1. 数字万用表应校零 2. 测电压时，数字万用表选择直流 20 V档位，正负极一定要与被测部件的正负极一致 3. 标准值 （见下表） 若<4.8 V，转至步骤 14 若>5.2 V，转至步骤 16 若在 4.8～5.2 V 之间，测试或更换 Q38 **特别提醒** D 号线为节气门位置传感器 1 的信号线路 F 号线为节气门位置传感器 2 的信号线路
14. 信号线路端对搭铁的短路检查（F-搭铁）		**技术要求** 1. 关闭点火开关 2. 断开蓄电池负极，断开 K20 发动机控制模块的 X2 线束连接器 3. 数字万用表先校零，用 200 Ω 测量阻值标准

步骤12标准电阻表：

检测仪连接	条件	规定状态
D-5（X2）	始终	小于 2 Ω

步骤13标准值表：

检测仪连接	条件	规定状态
F-车身搭铁	ON	4.8～5.2 V

作业内容	图解	技术规范
		4. 标准电阻 | 检测仪连接	条件	规定状态 | |---|---|---| | F-搭铁 | 始终 | ∞ | ≠∞，则修理电路上的对搭铁短路故障 ＝∞，转至步骤 15
15. 信号线路端对端断路检查[F-9(X2)]		技术要求 1. 关闭点火开关，断蓄电池负极，断 K20 发动机控制模块的 X2 线束连接器 2. 数字万用表先校零，用 200 Ω 测量阻值标准 3. 标准电阻（断路检查） | 检测仪连接	条件	规定状态 | |---|---|---| | F-9(X2) | 始终 | 小于 2 Ω | ≥2 Ω，则修理电路中的开路/电阻过大 ＜2 Ω，更换 K20 发动机控制模块 特别提醒 1. 禁止用手去触摸电控单元端子 2. 注意 X2 的断开方法
16. 信号线路端对电压短路的检查(F-搭铁)		技术要求 1. 关闭点火开关 2. 断开蓄电池负极，断开 K20 发动机控制模块的 X2 线束连接器 3. 测电压时，数字万用表选择直流 20 V 档位，正负极一定要与被测部件的正负极一致 4. 标准值 | 检测仪连接	条件	规定状态 | |---|---|---| | F-车身搭铁 | ON | 小于 1 V | ≥1 V，则修理电路上的对电压短路故障 ＜1 V，更换 K20 发动机控制模块

作业内容	图解	技术规范
17. 修复后再次检查故障码和数据流，5S工作		**技术要求** 设备和现场的整理工作

Mission 任务 5　怠速控制系统的检修

三　维　目　标

知识与技能目标：

(1)能叙述怠速控制系统的功能、分类；

(2)了解怠速控制系统的组成；

(3)会分析怠速控制系统的工作过程；

(4)会分析节气门执行机构的控制电路及故障原因；

(5)会进行节气门执行机构的检修；

(6)能叙述节气门匹配的基本目的；

(7)会进行节气门的匹配学习。

过程与方法目标：

(1)学习过程中养成服从指挥的习惯；

(2)养成工作前、工作中和工作后的 5S 的习惯。

情感态度价值观目标：

(1)学会与同学合作交流，在合作交流的过程中获益；

(2)养成爱岗敬业、团结协作的职业意识。

→ 必备知识 ─────────────────────────────────────

一、怠速控制简介

1. 怠速控制系统的功能

怠速控制就是 ECU 根据传感器检测的发动机状态参数确定目标转速，计算出目标转速与实际转速的差值，确定控制量，驱动怠速控制装置，改变进气量，使实际转速接近目标转速。

怠速控制的实质是控制怠速时的进气量。

2. 怠速工况的识别

在怠速控制系统中，ECU 需要根据节气门位置信号和车速信号确认怠速工况，只有在节气门全关(特指旁通空气式)、车速为零时，才进行怠速控制。

3. 怠速控制系统的分类

怠速控制系统的分类如图 2-5-1 所示。

(1)旁通空气式。

在节气门旁通空气道内设立一个阀门。
阀门开大，旁通空气流通截面增大，空气流
量增大，怠速转速提高；反之，则怠速转速
降低，具体如图 2-5-2 所示。

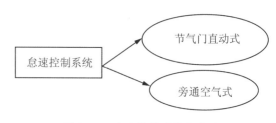

图 2-5-1　怠速控制系统的类型

(2)节气门直动式。

怠速时，加速踏板虽然完全松开，但节气门并不完全关闭，而是仍通过它提供怠速空气。
即通过直接控制节气门开启程度，调节节气门处空气流通截面，达到控制进气量，实现怠速
控制目的，具体如图 2-5-3 所示。

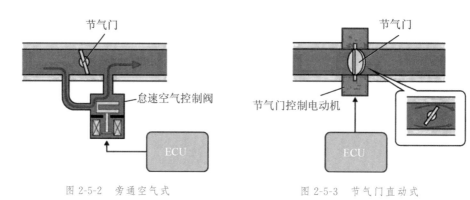

图 2-5-2　旁通空气式　　　　　　　　图 2-5-3　节气门直动式

4. 怠速控制系统的组成及控制过程

(1)组成。

图 2-5-4 是怠速控制系统的信号输入/输出原理图。

(2)怠速控制系统的主要控制过程(旁通空气式)。

①起动控制。发动机起动时，怠速控制系统控制怠速执行器使旁通进气量最大，以利于
起动；起动之后，再根据冷却液温度来确定旁通进气量的大小。

②暖机控制。暖机阶段，怠速控制系统根据冷却液温度的变化不断调整旁通进气量的大
小，使发动机在温度状态变化的情况下保持稳定的转速。

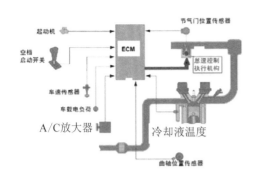
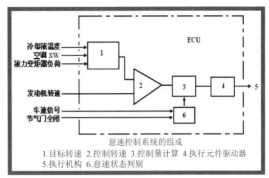

图 2-5-4　怠速控制系统输入/输出原理图

③怠速反馈控制。当暖机过程结束，或者 ECU 检测到节气门全关信号，且车速低于
2 km/h，则怠速控制系统开始进行怠速反馈控制。

④电器负载增多时的怠速控制。当同时使用的电器增多时，怠速控制系统也要相应增加
旁通进气量，提高发动机的怠速转速。

⑤其他控制。减速控制：当节气门位置传感器的怠速触点闭合时，因发动机突然变化而
使怠速转速突然下降。学习控制：根据发动机实际状态的变化，ECU 控制并记忆怠速装置开
度。由于在学习控制中 ECU 记忆了怠速装置的开度，在清洗或更换怠速装置、更换 ECU、更
换发动机后，怠速会不稳定或不正常。应按照维修手册进行重新设定。同时，应定期清洗怠
速阀。

二、旁通空气道式怠速控制

传统节气门采用旁通空气道控制发动机怠速，这种节气门体设计有专门的怠速旁通空气
道即怠速空气控制阀(IAC)，怠速空气控制阀由 ECM 控制，它通常有两种形式：旋转电磁阀
式和步进电动机式。

1. 旋转电磁阀式旁通空气道的结构与原理

旋转电磁阀式旁通空气道的结构与原理如图 2-5-5 所示，由节气门体、旁通空气道和怠速
空气控制阀组成，控制阀内有带永久磁铁的阀芯和电磁线圈 T1 和 T2，其控制原理：ECM 根
据所有输入信号以合适的占空比(PWM 信号中高电平所占百分比)控制接地的方式，来控制旋
转电磁阀两个电磁线圈 T1 和 T2 电流，电磁线圈利用电磁感应原理带动阀芯旋转，阀芯以螺
旋的方式驱动阀门向打开和关闭的方向移动，从而实现旁通空气道打开和关闭的控制。

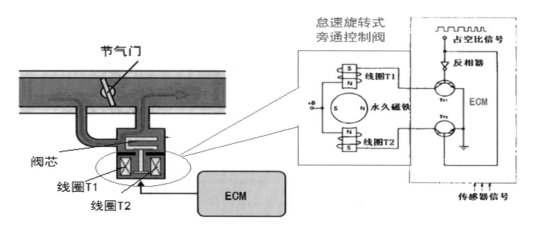

图 2-5-5　旋转电磁阀怠速控制阀结构和原理图

2. 步进电动机式旁通空气道的结构与原理

传统发动机大多数使用步进电动机式怠速空气控制阀，其结构如图 2-5-6 所示，结构主要部件是一个步进电动机，它是由 ECM 进行分步控制的直流电动机，通常有 120 步，可以双向运转，驱动阀门以固定的行程向关闭或打开的方向运动。在步进电动机退回时，怠速旁通道打开，进入发动机的空气增多，怠速提升。反之，怠速降低。ECM 很容易控制步进电动机的位置，即使没有反馈信号，ECM 可以通过计算电动机运转的步数判定阀门的位置。

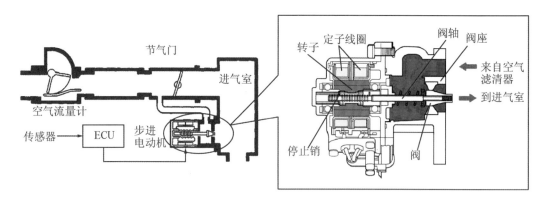

图 2-5-6　步进电动机式旁通式怠速控制系统结构图

典型的步进电动机使用一块永久磁铁（转子）和两块电磁铁（定子，4 个绕组构成），电磁线圈由 ECM 控制。ECM 控制电磁线圈的极性可以使转子每次旋转 90°，每个 90° 被记为步。图 2-5-7 为步进电动机实现四个状态位置"步进"的过程图。

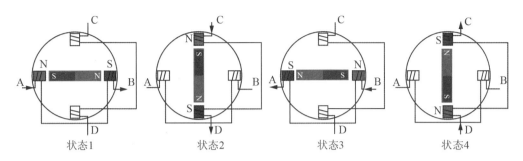

图 2-5-7　步进电动机工作原理图

状态 1：定子线圈 AB 通电（CD 断电），电流从 A 流向 B，根据电磁感应定律，这时产生的磁场方向为左边为 N 极，右边为 S 极，因为转子为永磁体，根据磁极的同性相斥，异性相吸的规律，转子会被定子线圈产生的磁场吸引成水平状态，并且左侧电极为 S，右侧电极为 N。

状态 2：定子线圈 CD 通电（AB 断电），电流从 C 流向 D，这时定子线圈产生的磁场方向为上边为 N 极，下边为 S 极，转子被定子线圈产生的磁场吸引，由刚才的水平状态，顺时针旋转 90°变成垂直状态，并且上侧电极为 S，下侧电极为 N。

状态 3：定子线圈 AB 通电（CD 断电），电流从 B 流向 A，这时产生的磁场方向为左边为 S 极，右边为 N 极，转子会被吸引着顺时针旋转 90°，由垂直状态变成水平状态，并且左侧电极为 N，右侧电极为 S。

状态 4：定子线圈 CD 通电（AB 断电），电流从 D 流向 C，这时产生的磁场方向为上边为 S 极，下边为 N 极，转子会被吸引着顺时针旋转 90°，由水平状态变成垂直状态，并且上侧电极为 N，下侧电极为 S。

三、 节气门直动式的怠速控制系统

节气门直动式分为两种类型：带节气门拉索的直动式怠速控制机构，怠速电动机仅控制怠速时的空气流量；不带节气门拉索的，即电子节气门怠速控制执行机构，节气门电动机控制所有工况的空气流量。

而目前直动式广泛应用于电子节气门式怠速控制机构，故这里以电子节气门怠速控制执行机构为例进行介绍，其执行机构位于节气门体内，如图 2-5-8 所示。

电子节气门和拉索式的怠速执行机构区别是识别怠速的方法及电动机的控制范围均不同。电子节气门通过加速踏板位置传感器怠速软开关识别怠速，而不是节气门位置传感器上的机械怠速开关或节气门位置传感器信号用软开关识别怠速。

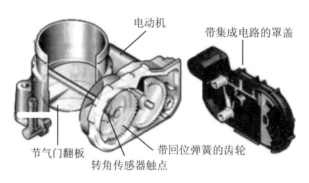

图 2-5-8　电子节气门怠速控制执行机构实物分解图

　　电子节气门的电动机控制范围决定于加速踏板位置，即驾驶人不踩加速踏板时，电动机控制节气门在应急开度（即电子节气门生效后，维持发动机运转的开度）以下控制怠速；当踩下加速踏板时，电动机控制节气门在应急开度以上工作，控制示意图如图 2-5-9 所示。怠速时，发动机控制单元通过加速踏板位置传感器的电压信号可以识别出加速踏板没有被踏下，此时应执行怠速控制过程。发动机控制单元通过 PWM 信号控制怠速直流电动机正反转，电动机通过传动减速主从动齿轮，克服复位弹簧的张力，带动节气门转轴转动，根据实际怠速与理论怠速转速偏差的大小控制节气门开度打开或关闭某一角度。不同的 PWM 信号的占空比可以实现节气门不同的开度。

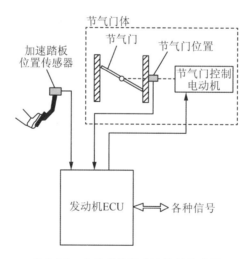

图 2-5-9　电子节气门怠速控制示意图

四、 节气门的基本设置（匹配）

1. 节气门基本设置的原因

当节气门变脏后，发动机在急速时，节气门开度会增大。这是因为节流阀体变脏后，在相同的开度下，进气量会减少，将不足以维持发动机的额定转速，因此节气门会增大。清洗节气门后，急速时节气门的开度会减小。这说明电控单元具有学习功能，不但能够检查到元件参数的变化，还能够适应这种变化。那么，电控单元是如何知道该元件的初始参数的？这就需要基本设置，在未做基本设置之前，假如电控单元收到一个节气门急速位置的电压信号，但电控单元并不能由此知道其开启角度，这是因为电控单元还不知道节气门最小急速位置、最大急速位置的电压值等基本参数。如果电控单元知道了节气门最小急速位置、最大急速位置，就知道了急速节气门电位计的电压范围；电控单元知道了急速节气门电位计的几个中间位置的电压值，就知道了急速节气门电位计的特性。这样，当电控单元收到任一位置的信号电压时，就能判断出节气门的开度。基本设置就是让电控单元了解节流阀体的基本特性和基本参数，这样，才会在以后的运行过程中自动地调整它与节气门的动作。

2. 进行节气门基本设置的情况

由以上原理分析，在影响到电控单元与节流阀体协调工作的因素时，需进行基本设置。

(1)在更换电控单元后，电控单元内还没有存储节流阀体的特性时，需进行基本设置。

(2)在电控单元断电，电控单元存储器的记忆丢失后，需进行基本设置。

(3)更换节流阀体后，需进行基本设置。

(4)更换或拆装进气道后，影响到电控单元与节流阀体协调工作及对急速的控制时，需进行基本设置。

(5)在清洗节流阀体后，急速节气门电位计的特性虽然没有变化，但在相同的节气门开度下，进气量已发生了变化，急速控制特性已发生变化时，需进行基本设置。

3. 不进行基本设置的后果

对上述部件进行维修或更换后，如果不进行基本设置，电控单元与急速控制元件的工作会出现不协调的现象，表现就是急速控制不精确、不稳定，如急速忽高忽低，急速不稳。但这种不良表现是暂时的，这是因为电控单元具有学习并自动适应的功能。只是这个学习与适应过程不如基本设置快速准确。有的车型对以上部件进行维修或更换后，不但要进行基本设置，还要清除原学习值。这与车型配置的软件有关。如捷达前卫轿车在清洗节气门后，如果只进行基本设置，发动机怠速转速会偏高，这是因为电控单元还记忆了怠速时原节气门的开度值。

五、 怠速控制在实车上的应用（以雪佛兰 2013 款科鲁兹 LDE 发动机为例）

雪佛兰 2013 款科鲁兹 LDE 发动机上的怠速控制用的是电子节气门式怠速控制系统。

1. 实物图及安装位置（图 2-5-10）

图 2-5-10　科鲁兹怠速控制部件实物及安装位置示意图

2. 部件线束端子（图 2-5-11）及实车电路图描述（图 2-5-12）

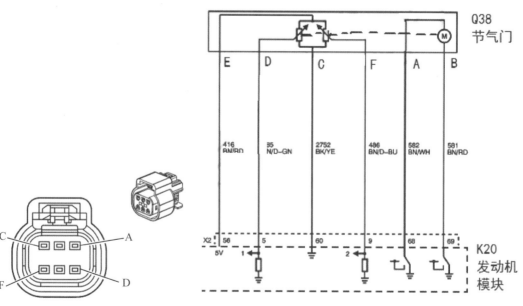

图 2-5-11　部件线束端子　　　　　　　图 2-5-12　实车电路图

部件电气插头共 6 个端子，其中 A、B 端子：ECM 控制节气门怠速直流电动机的 PWM 信号输入/输出端。C、D、E 和 F 四个端子属于节气门位置传感器的端子，不再赘述。

3. 功能原理描述

发动机控制模块（ECM）向节气门执行器控制（TAC）电动机的控制电路施加可变的电压，以控制节气门。发动机控制模块监测激活节气门所需的占空比。发动机控制模块监测节气门位置（TP）传感器 1 和 2，以确定节气门的实际位置。

4. 实车数据测量（表 2-5-1）

表 2-5-1　实车数据测量

作业内容	图解	技术规范
动作测试		**技术要求** 1. 连接 KT600，打开点火开关 2. 按照 KT600 操作流程，进入功能测试/节气门/节气门位置"增加"以及"减少" 3. 观察节气门体的变化

5. 故障诊断（表 2-5-2）

表 2-5-2　故障诊断

故障可以从以下方面察觉	故障原因	诊断方法
发动机控制模块以应急模式运行工作：发动机功率被限制 发动机指示灯亮 存储故障码	节气门卡滞 电动机内部短路、断路 线路问题 ECM 损坏	检查传感器导线、插头是否正确连接、断裂和被腐蚀 读取故障码存储器记录 检查传感器是否损坏 用示波器测量信号 检测导线、电动机

→ **任务实施**

1. **任务准备**

（1）设备：每个工位雪佛兰 2013 款科鲁兹（LDE 发动机）实车一辆，车轮挡块、座椅三件套、翼子板护垫及前格栅布 1 套。

（2）工具：每个工位数字万用表 1 只，诊断仪器 1 套，试灯一只，T 形线若干。

（3）辅助工具：抹布若干。

2. **实施步骤 1（表 2-5-3）**

在进行节气门的基本设置之前，确保发动机没有设置任何故障码。

表 2-5-3　实施步骤 1

作业内容	图解	技术规范
1. 连接诊断仪进入匹配		技术要求 1. 连接诊断仪 2. 打开点火开关 3. 按照 KT600 进入流程进入发动机匹配/设置项 特别提醒 进入诊断仪后禁止任何的人为操作车辆
2. 进入怠速学习界面	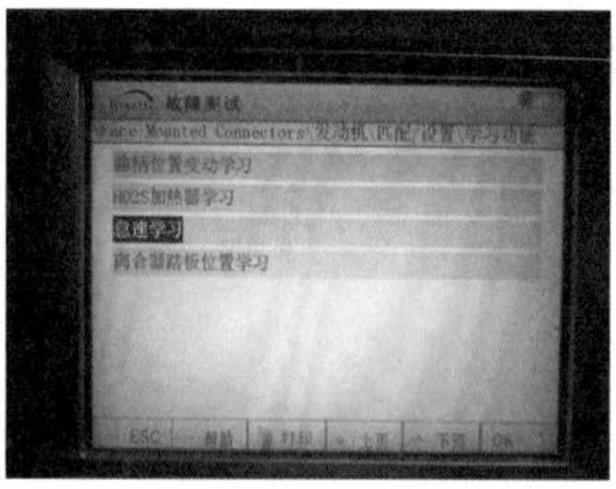	技术要求 进入怠速学习
3. 进入学习功能界面		技术要求 进入学习功能

续表

作业内容	图解	技术规范
4. 进入怠速学习		**技术要求** 1. 指令学习 2. 退出 3. 退出诊断仪，关闭点火开关 4. 5S 工作

3. 实施步骤 2（表 2-5-4）

表 2-5-4　雪佛兰 2013 款科鲁兹(LDE 发动机)实车电路/系统测试具体检修流程

作业内容	图解	技术规范
1. 对节气门体的机械检查	一字起松下 一字起松下	**技术要求** 1. 将点火开关置于关闭位置 2. 拆卸连接节气门处的进气软管 3. 确认 Q38 节气门体总成不存在以下情况 4. 节气门不在静止位置 5. 节气门卡滞在打开或关闭的位置 6. 节气门在没有弹簧压力时，可自由打开或关闭 7. 如果发现上述故障，测试或更换 Q38 节气门体总成 8. 如果未发现任何情况，恢复进气软管，转至步骤 2 **特别提醒** 将手指插入节气孔前，将点火开关置于关闭位置，节气门意外移动会导致人身伤害
2. 断开节气门体总成 Q38 的线束连接器	线束连接器	**技术要求** 1. 一定要在点火开关关闭的情况下断开节气门体总成 2. 注意连接器断开的方法，一般都有锁止装置，拔下或按下锁扣再将连接器拔下

续表

作业内容	图解	技术规范
		特别提醒 1. 可能需要 2 min 才能让所有车辆系统断电 2. 断开节气门体线束连接器可导致其他故障码设置
3. 试灯测试 [A(B)-搭铁]		**技术要求** 采用合适的 T 形线连接试灯正极与节气门控制电动机控制关闭电路端子 A（电动机控制打开电路端子 B），检测应符合下列要求 如果测试灯持续点亮，转至步骤 4 如果测试始终熄灭，转至步骤 5
4. 控制电路对电压的短路检查[A(B)-搭铁]		**技术要求** 1. 关闭点火开关 2. 断开蓄电池负极，断开 K20 发动机控制模块的 X2 线束连接器 3. 点火开关置于 ON 4. 根据下表中的值用数字万用表直流 20 V 档测量电压 ≥1 V 或更高，则修理电路上的对电压短路故障 <1 V，则更换 K20 发动机控制模块
5. 试灯测试 [A(B)－B+]		**技术要求** 1. 采用合适的 T 形线连接试灯负极 2. 试灯正极与 B＋连接，检测应符合下列要求

步骤3 技术要求表：

检测仪连接	条件	规定状态
试灯连接 [A(B)-车身搭铁]	点火开关 ON	未持续点亮

步骤4 技术要求表：

检测仪连接	条件	规定状态
A(B)-搭铁	ON	是否低于 1 V

作业内容	图解	技术规范
		<table><tr><td>检测仪连接</td><td>条件</td><td>规定状态</td></tr><tr><td>试灯连接 （A(B)－B＋)</td><td>点火开关 ON</td><td>未点亮</td></tr></table> 如果测试灯点亮，转至步骤 6 如果测试始终熄灭，转至步骤 7
6. 电动机控制电路 A(B) 对搭铁的短路检查（A(B)-搭铁）		(技术要求) 1. 关闭点火开关 2. 断开蓄电池负极，断开 K20 发动机控制模块的 X2 线束连接器 3. 数字万用表先校零，用 200 Ω 测量阻值标准 4. 标准电阻 <table><tr><td>检测仪连接</td><td>条件</td><td>规定状态</td></tr><tr><td>A(B)-搭铁</td><td>始终</td><td>∞</td></tr></table> ≠∞，则修理电路上的对搭铁短路故障 ＝∞，更换 K20 发动机控制模块 (特别提醒) 禁止用手去触摸电控单元端子
7. 数字万用表置于最小/最大记录模式功能		(技术要求) 1. 点火开关置于关闭位置，将数字式万用表设为 40 V 或更高 2. 选择"最小/最大记录式"，并且设置"最小/最大峰值"响应时间至 1 ms 或更快 (特别提醒) 1. 数字式万用表"最小/最大记录模式"和 1 ms 或更快的反应时间必须在每个电路测试后重新设置，否则将记录较低电压值 2. 在每次电路测试前点火开关必须位于关闭位置，且发动机控制模块必须完全断电，否则会记录一个较低的电压值

续表

作业内容	图解	技术规范
8. 控制电路的断路检查 [A(B)－B＋]		技术要求 1. 关闭点火开关 2. 连接 A(B)与 B＋ 3. 点火开关置于 ON 4. 使用数字万用表最小/最大记录模式功能，根据下表中的值测量电压 检测仪连接: A(B)－B＋ 条件: ON 规定状态: 小于 3 V 不在 3 V 之内，转至步骤 9 在 3 V 之内，测试或更换节气门体总成
9. 端对端断路检查 [A－68(X2)][B－69(X2)]		技术要求 1. 关闭点火开关，断蓄电池负极，断 K20 发动机控制模块的 X2 线束连接器 2. 数字万用表先校零，用 200 Ω 测量阻值标准 3. 标准电阻（断路检查） 检测仪连接: A-68(X2)和 B-69(X2) 条件: 始终 规定状态: 小于 2 Ω ≥2 Ω，则修理电路中的开路/电阻过大 <2 Ω，更换 K20 发动机控制模块
10. 修复后再次检查故障码和数据流，5S工作		技术要求 设备和现场的整理工作

可变气门正时系统的检修

三　维　目　标

知识与技能目标：

(1)能叙述可变气门正时系统的作用；

(2)能叙述可变正时系统的类型与主要组成；

(3)会分析 VVT 控制策略及其工作过程；

(4)会分析可变正时的系统电路及故障原因；

(5)会进行可变气门正时系统的检修。

过程与方法目标：

(1)学习过程中养成服从指挥的习惯；

(2)养成工作前、工作中和工作后的 5S 的习惯。

情感态度价值观目标：

(1)学会与同学合作交流，在合作交流的过程中获益；

(2)养成爱岗敬业、团结协作的职业意识。

→ 必备知识 ─────────────────────────────────

一、 可变气门正时系统简介

发动机在可燃混合气燃烧时需要提供足够的氧气，因此在发动机排量一定的情况下，充气效率的高低决定了发动机输出功率的大小。传统气门机构气缸充气程度取决于转速，只有在某一转速时，发动机才能获得最佳充气并因此能输出最高转矩和最大牵引力。如果转速继续升高，虽然功率能提高至最大值，但是气缸充气变差，转矩会下降。通过气门重叠可以改善气缸充气，高转速时通过进气门延迟关闭来改善气缸充气并因此提高发动机功率，但是低转速时充气损失较大，活塞将部分充气排出气缸，因此发动机功率变小，同时还导致有害物质排放量增加。

充气效率是实际进入发动机气缸的新鲜空气与理想进气状态下充满气缸工作容积的空气质量之比，它与气门正时和气门升程有关。发动机在高速运行和低速运行时对气门正时和气门升程的要求是不同的。

发动机高速运行时，每个气缸在一个工作循环内吸气和排气的时间是非常短的，要想达到理想的充气效率，就必须延长气缸的吸气和排气时间，也就是要求增大气门的重叠角或增大气门的升程，而发动机低速运行时，则需要较小的气门重叠角和气门升程。否则，过大的气门重叠角或气门升程容易使得废气回流，造成进气量下降，从而导致发动机怠速不稳，低速时转矩偏低。

普通发动机的气门正时和气门升程是固定的，这很难同时满足发动机高转速和低转速两种工况的需求。为此，许多汽车厂商相继研发出可变气门正时 VVT(Variable Valve Timing)和可变气门升程 VVL(Variable Valve Lit)两种系统。

二、 可变气门正时系统的作用

VVT 系统是一种电控液压运行装置，它通过控制发动机机油所产生的液力来驱动执行器，改变凸轮轴相对于曲轴的角度，即根据发动机工况需求适时控制进排气门打开和关闭时刻。该系统的主要作用如下。

(1)降低尾气排放。

(2)增大输出扭矩。

(3)提高燃油经济性。

(4)提高怠速稳定性。

三、 可变气门正时系统类型

(1)按照可变气门正时系统调整范围来分，有单 VVT 和 DVVT。单 VVT 一般安装在进气凸轮轴上，只对进气门的正时进行调整，不调整排气门正时。而 DVVT 在进、排气凸轮轴上都安装了气门正时调整系统，分别调整进、排气门的正时。

(2)按照对气门正时调整的方式不同来分，可分为非连续可变和连续可变两种。非连续 VVT 对门正时的调整是阶梯型调整，并不是连续可变的，不能适时满足发动机在高、低速时对进气量的要求，发动机性能因此受到限制。连续型可变气门正时系统对气门正时的调整是连续线性的调整，可以满足发动机在不同工况时进气量的要求，目前也是使用最广泛的。

四、 DVVT 的组成

DVVT 系统主要包括发动机控制模块（ECM），进、排气凸轮轴位置传感器，进、排气凸轮轴位置执行器，VVT 电磁阀和进、排气 VVT 执行器定位紧固螺栓。凸轮轴位置执行器和

VVT 电磁阀的安装位置如图 2-6-1 所示。

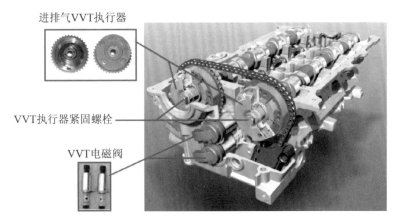

图 2-6-1   凸轮轴位置执行器和 VVT 电磁阀的安装位置

1. VVT 执行器

进排气 VVT 执行器内部结构是一样的，VVT 执行机构由 VVT 定子、VVT 转子、定位锁销、转子叶片和凸轮轴链轮组成，如图 2-6-2 所示。

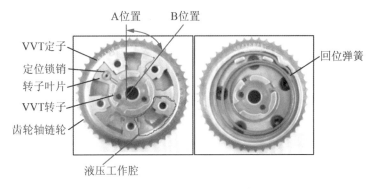

图 2-6-2   凸轮轴位置执行器结构图

（1）VVT 定子与链轮。

VVT 定子与链轮是一体的，曲轴通过正时链条和 VVT 执行器的凸轮轴链轮刚性连接，VVT 转子通过执行器定位紧固螺栓拧紧固定在凸轮轴前端面形成刚性连接。

（2）VVT 执行器转子。

VVT 转子共有 5 个转子叶片分别在 VVT 定子的 5 个液压工作腔内，每个工作腔内的转子左右各有一个油孔，一个孔进油，另一个孔则出油，因此每个叶片都可以在各自的工作腔内在机油的驱动下在 A、B 位置间转动，当转子两个孔不再进排油，转子就被定位在某一位置。

（3）定位锁销。

VVT 执行器中有一个叶片带有定位锁销，确保 VVT 执行器不工作的情况下，转子被锁止在初始位置上，此时转子和定子被刚性连接。

（4）回位弹簧。

在定子液压工作腔的另一面有一个回位弹簧，转子在转动的时候必须克服回位弹簧的弹力方可转动，一旦 VVT 系统机油泄压，回位弹簧会把 VVT 转子复位到初始位置。

2. VVT 电磁阀

VVT 电磁阀是一个柱塞油道式的三位四通阀，柱塞由 ECM 控制，可以有 A、B、C 三个不同的位置实现进出油道的切换，如图 2-6-3 所示。

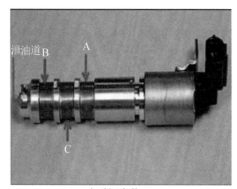

VVT电磁阀实物   柱塞式三位四通阀

图 2-6-3 VVT 电磁阀实物及内部通道示意图

五、 工作原理

1. VVT 控制策略

如图 2-6-4 所示，ECM 通过各种输入信息来计算凸轮轴位置的可变角度，发出合适的 PWM 占空比信号来控制电磁阀柱塞到达相应位置，切换机油油道，用机油驱动 VVT 执行器，再由 VVT 执行器带动凸轮轴到达最佳的目标位置，从而实现最佳的气门正时控制。

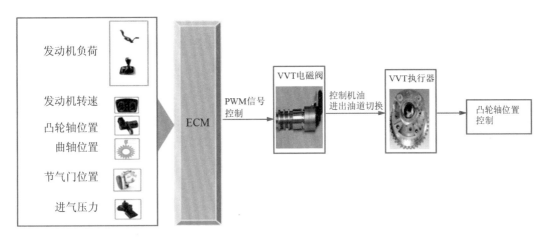

图 2-6-4　VVT 控制策略图

2. VVT 系统工作过程

VVT 系统工作过程包括进排气门正时延迟、进排气门正时提前和进排气门正时保持三个过程。

发动机运转后机油泵泵油建立机油压力，机油经过主油道——机油滤清器——回流关断阀——滤网到达进排气 VVT 电磁阀。如图 2-6-5 所示，以进气气门正时调整为例。

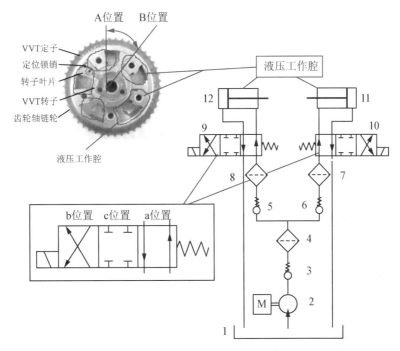

图 2-6-5　VVT 系统液压回路示意图

1. 油底壳　2. 机油泵　3. 回流关断阀　4. 机油滤清器　5. 回流关断阀　6. 回流关断阀

7. 滤网　8. 滤网　9. 进气 VVT 电磁阀　10. 排气 VVT 电磁阀　11. 排气 VVT 执行器液压工作腔

12. 进气 VVT 执行器液压工作腔

（1）进排气门正时延迟。

ECM 向 VVT 电磁阀发出合适的 PWM 占空比信号，控制电磁阀柱塞处于 a 位置，机油从图 2-6-5 中进气 VVT 电磁阀当前的 a 位置（油道）进入到液压工作腔的右侧工作腔，机油顶开定位锁销，推动转子叶片从 B 位置向 A 位置转动，左侧工作腔中的机油排出，流经电磁阀回到油底壳。这样，执行器的 5 个液压工作腔里的转子叶片都在机油驱动下转动，由于 VVT 转子是通过执行器定位紧固螺栓和凸轮轴连为一体的，所以 ECM 通过控制电磁阀，实现对凸轮轴向气门延时关闭方向转动的控制，即实现气门正时延时。

（2）进排气门正时提前。

ECM 向 VVT 电磁阀发出合适的 PWM 占空比信号，控制电磁阀柱塞处于 b 位置，机油从图 2-6-5 中进气 VVT 电磁阀 b 位置（油道）进入到进气 VVT 执行器液压工作腔的左侧工作腔，机油顶开定位锁销，推动转子叶片从 A 位置向 B 位置转动，右侧工作腔中的机油排出，流回到电磁阀。ECM 通过控制电磁阀，实现对凸轮轴向气门打开方向转动的控制，即实现气门正时提前。

（3）进排气门正时保持。

当凸轮轴处于提前或者延时的某一位置时，ECM 需要凸轮轴固定，此时 ECM 就发出相应的 PWM 占空比信号，让电磁阀柱塞处于图 2-6-5 中的 c 位置，进排油道被堵死，每一个液压工作腔内无法进排机油，转子即被固定在液压工作腔内的某一位置无法转动，即实现气门正时保持。

六、 VVT 系统在实车上的应用（以雪佛兰 2013 款科鲁兹 LDE 发动机为例）

雪佛兰 2013 款科鲁兹 LDE 发动机采用的是连续可变的 DVVT 系统。

1. 实物图和安装位置（图 2-6-6）

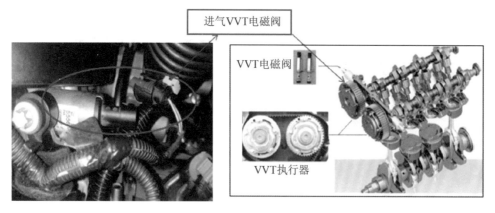

图 2-6-6　科鲁兹 VVT 实物图及安装位置

2. 电磁阀插头端子及实车电路图描述(图 2-6-7 和图 2-6-8)

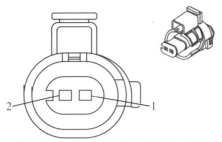

图 2-6-7　科鲁兹进气凸轮轴位置执行器电磁阀线束端端子

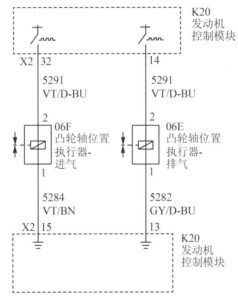

图 2-6-8　科鲁兹进气凸轮轴位置执行器电磁阀系统电路图

进气 VVT 电磁阀插头 1 号端子：低电平参考电压(搭铁电路)；2 号端子：控制电路。

3. 功能原理描述

(1)点火电压直接提供至进气凸轮轴位置执行器电磁阀和排气凸轮轴位置执行器电磁阀。发动机控制模块向进气和排气凸轮轴位置执行器电磁阀施加经过脉宽调制(PWM)的信号，驱动器的固态装置将控制电路搭铁，从而控制进气凸轮轴位置执行器电磁阀和排气凸轮轴位置执行器电磁阀。

(2)发动机正在运行时，发动机控制模块以控制进气和排气凸轮轴位置执行器电磁阀的占空比，控制电磁阀的通电时间，控制机油流量施加压力的方法，实现控制凸轮轴的提前或延迟，改变凸轮轴的正时。

(3)发动机控制模块监测反馈电压，以确定控制电路是否开路、对搭铁短路或对电压短路。

4. 实车数据测量（表 2-6-1）

表 2-6-1　实车数据测量

作业内容	图解	技术规范
1. 动作测试		**技术要求** 1. 连接 KT600，打开点火开关 2. 按照 KT600 操作流程，依次进入动作测试/进气（排气）凸轮位置执行器电磁阀指令开启或关闭 3. 观察进气（排气）凸轮轴 VVT 执行器电磁阀是否有声响
2. 测量 VVT 电磁阀驱动信号波形（以排气为例）		**技术要求** 1. 关闭点火开关，断开 VVT 电磁阀线束连接器 2. 在本体与线束端连上 T 形线，并保证电磁阀正常工作 3. 进入诊断仪示波器测量功能，正极探针连接至端子 2，负极探针连接至搭铁 4. 起动发动机怠速运转，加速，观察波形及其特点

5. 故障诊断（表 2-6-2）

表 2-6-2　故障诊断

失灵可以从以下方面察觉	失灵原因	诊断方法
发动机怠速抖 加速不畅 仪表发动机灯亮 有故障码存储	机油量不足、变质 执行器堵塞、错位、开裂、 正时链、执行器安装不到位 VVT 电磁阀损坏	检查传感器导线、插头和电检查执行器、正时链是否正确连接，是否有断裂和被腐蚀 检查机油油位、油品质

续表

失灵可以从以下方面察觉	失灵原因	诊断方法
	线路问题 ECM 损坏	读取故障码存储器记录 检测电磁阀是否损坏 用示波器记录信号 检测导线

→ **任务实施** ●

1. **任务准备**

（1）设备：每个工位雪佛兰 2013 款科鲁兹（LDE 发动机）实车一辆，车轮挡块、座椅三件套、翼子板护垫及前格栅布 1 套。

（2）工具：每个工位数字万用表 1 只、诊断仪器 1 套，T 形线若干。

（3）辅助工具：抹布若干。

2. **实施步骤**（表 2-6-3）

表 2-6-3　雪佛兰 2013 款科鲁兹（LDE 发动机）实车电路/系统测试具体检修流程

作业内容	图解	技术规范
1. 断开相应的 Q6F 进气凸轮轴位置执行器电磁阀连接器（本任务以进气侧为例）		**技术要求** 1. 一定要在点火开关关闭的情况下断开 Q6F 的线束连接器 2. 注意连接器断开的方法，一般都有锁止装置，拔下或按下锁扣再将连接器拔下
2. 低电平线路的断路检查（1-搭铁）		**技术要求** 1. 关闭点火开关 2. 数字万用表先校零，用 200 Ω 测量阻值标准 3. 标准电阻（断路检查） 表格见下

检测仪连接	条件	规定状态
1-搭铁	始终	小于 10 Ω

≥10 Ω，转至步骤 3

<10 Ω，转至步骤 4

作业内容	图解	技术规范
		特别提醒 1. 采用合适粗细的 T 形线端子 2. 用数字万用表测量阻值时，一定不允许带电操作 3. 车身金属部分均为搭铁点
3. 端对端断路检查［1-15（X2）］		**技术要求** 1. 关闭点火开关，断蓄电池负极，断 K20 发动机控制模块的 X2 线束连接器 2. 数字万用表先校零，用 200 Ω 测量阻值标准 3. 标准电阻（断路检查） 检测仪连接 / 条件 / 规定状态 1-15（X2） / 始终 / 小于 2 Ω ≥2 Ω，则修理电路中的开路/电阻过大 <2 Ω，更换 K20 发动机控制模块
4. 动作测试，利用数字万用表二极管档位读取数值 		**技术要求** 1. 关闭点火开关 2. 在控制电路端子 2 和 B＋之间连接一个数字式万用表，设定为二极管档 3. 将点火开关置于"ON（打开）"位置 4. 用故障诊断仪指令进气凸轮轴位置执行器电磁阀"OFF（关闭）" 5. 数字式万用表的读数应为 检测仪连接 / 条件 / 规定状态 2-B＋ / 始终 / 高于 2.5 V 或显示"O.L（过载）" 如果≤2.5 V，转至步骤 5 如果＞2.5 V 或显示 O.L，转至步骤 7

端对端断路检查标准电阻表

检测仪连接	条件	规定状态
1-15（X2）	始终	小于 2 Ω

动作测试读数表

检测仪连接	条件	规定状态
2-B＋	始终	高于 2.5 V 或显示"O.L（过载）"

作业内容	图解	技术规范
5. 控制电路端对电压短路的检查(2-搭铁)		**技术要求** 1. 关闭点火开关,断蓄电池负极,断 K20 发动机控制模块的 X2 线束连接器 2. 点火开关置于 ON 3. 根据下表中的值用数字万用表直流 20 V 档测量电压
6. 控制电路对搭铁短路检查(2-搭铁)		**技术要求** 1. 关闭点火开关 2. 数字万用表先校零,用 200 Ω 测量阻值标准 3. 标准电阻
7. 动作测试,利用数字万用表二极管档位读取数值		**技术要求** 1. 继续用故障诊断仪指令进气凸轮轴位置执行器电磁阀"开启" 2. 数字万用表先校零,用二极管档位测量,数字式万用表读数应为

步骤 5 技术规范表:

检测仪连接	条件	规定状态
2-搭铁	ON	是否低于 1 V

≥1 V,则修理电路上的对电压短路故障

<1 V,转至步骤 6

步骤 6 技术规范表:

检测仪连接	条件	规定状态
2-搭铁	始终	∞

≠∞,则修理电路上的对搭铁短路故障

=∞,更换 K20 发动机控制模块

步骤 7 技术规范表:

检测仪连接	条件	规定状态
2-B+	始终	低于 1 V

≥1 V,则转至步骤 8

<1 V,测试或更换 Q6F 转至步骤 9

续表

<table>
<tr><th>作业内容</th><th>图解</th><th>技术规范</th></tr>
<tr><td>8. 端对端断路检查[2-32(X2)]</td><td></td><td>技术要求
1. 关闭点火开关，断蓄电池负极，断K20发动机控制模块的X2线束连接器
2. 数字万用表先校零，用200 Ω测量阻值标准
3. 标准电阻(断路检查)<table><tr><th>检测仪连接</th><th>条件</th><th>规定状态</th></tr><tr><td>2-32(X2)</td><td>始终</td><td>小于2 Ω</td></tr></table>≥2 Ω，则修理电路中的开路/电阻过大
<2 Ω，则更换发动机控制模块K20</td></tr>
<tr><td>9. 部件测试</td><td>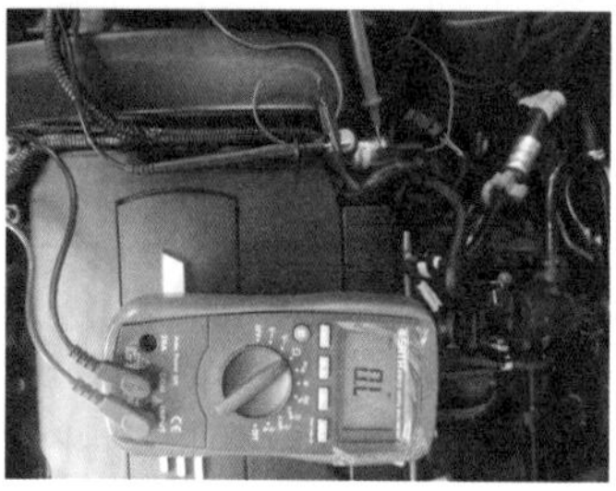</td><td>技术要求
1. 关闭点火开关
2. 断开QF线束连接器
3. 数字万用表先校零，用200 Ω测量阻值标准
4. 标准电阻<table><tr><th>检测仪连接</th><th>条件</th><th>规定状态</th></tr><tr><td>1-2(本体端)</td><td>始终</td><td>7-12 Ω</td></tr></table>若不在范围，更换Q6F
若在范围，测试各个端子与Q6F的壳体/外壳电阻<table><tr><th>检测仪连接</th><th>条件</th><th>规定状态</th></tr><tr><td>1(2)-壳体/外壳</td><td>始终</td><td>∞</td></tr></table>若为∞，全部正常
不为∞，更换Q6F</td></tr>
<tr><td>10. 修复后再次检查故障码和数据流，5S工作</td><td>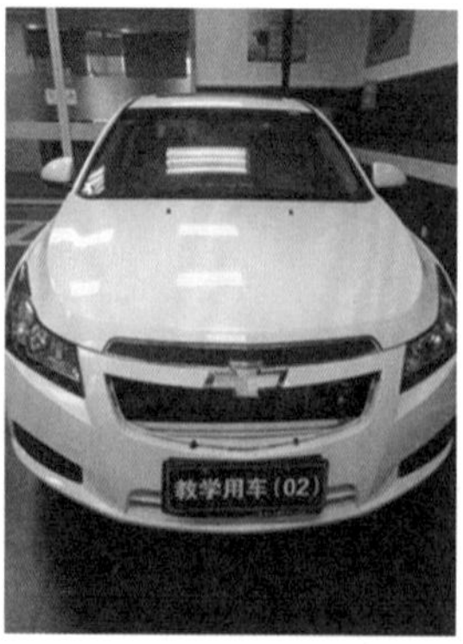</td><td>技术要求
设备和现场的整理工作</td></tr>
</table>

温度传感器的检修

→ 必备知识

一、 温度传感器的简介

1. 温度传感器的类型

温度传感器的类型有绕线电阻式、热敏电阻式、扩散电阻式、半导体晶体管式、金属芯式等，应用较多的是绕线电阻式和热敏电阻式。汽车用温度传感器几乎无一例外地采用接触式的、与温度有关的正温度系数(PTC)或负温度系数(NTC)的热敏电阻式温度计。热敏电阻式温度传感器有 NTC(负温度系数)和 PTC(正温度系数)两种。热敏电阻式传感器的响应特性比绕线电阻式传感器优良，因而被广泛地运用于检测发动机冷却液温度和进气温度

2. 热敏电阻式温度传感器的应用

发动机电子控制系统所用热敏电阻式温度传感器有：发动机冷却液温度传感器、发动机

进气温度传感器和发动机机油温度传感器等。此类车辆发动机用到的温度传感器在发动机管理系统中作用不同，但工作原理基本一样，在此以雪佛兰2013款科鲁兹LDE发动机为例，只介绍进气温度传感器和冷却液温度传感器。

二、 进气温度传感器

进气温度传感器（IAT）实物如图2-7-1所示。

图 2-7-1　进气温度传感器实物图

1. 安装位置

进气温度传感器大多和空气流量传感器或进气压力传感器集成在一起，安装在进气歧管处，安装位置如图2-7-2所示。

图 2-7-2　进气温度传感器安装位置

2. 结构

进气温度传感器内部由NTC电阻、传热管、引线和接线端子组成，如图2-7-3所示。

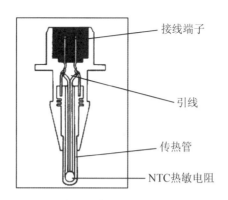

接线端子

引线

传热管

NTC热敏电阻

图 2-7-3 进气温度传感器内部结构示意图

3. 功能描述

（1）修正喷油量：由于温度影响空气密度，进气温度直接影响发动机的进气量。温度低，进气量大，氧气含量高，ECM 适当增加喷油量；温度高，进气量小，氧气含量低，ECM 将适当减少喷油量。

（2）修正点火提前角：进气温度低时，ECM 增大点火提前角；进气温度高时，ECM 减小点火提前角。

（3）其他作用：有的车型 ECM 把进气温度传感器作为冷却液温度传感器失效后的备用传感器，刚开始以进气温度代替，发动机每运转 20 s，温度上升一度，直到上升到设定的冷却液温度为止。

4. 工作原理

进气温度传感器中有一个内置式热敏电阻与 ECM 内的电阻器 R 串联，ECM 经电阻器 R 再给进气温度传感器施加一个 5 V 电压，热敏电阻值随着进气温度的变化而变化，即：进气温度变低时，热敏电阻的电阻值增加；温度变高时，热敏电阻的电阻值减小。电阻值的这些变化被作为电压的变化传送给 ECM，ECM 据此计算出进气温度值。ECM 实现功能控制的策略是：温度→电阻→电压→喷油/点火。

5. 实车端子及电路图描述（图 2-7-4 和图 2-7-5）

电路图描述：进气温度（IAT）传感器是一个可变电阻器。进气温度传感器有一个信号电路和一个低电平参考电压电路。进气温度传感器测量进入发动机的空气温度。发动机控制模块（ECM）向进气温度信号电路提供 5 V 电压，向进气温度低电平参考电压电路提供搭铁。

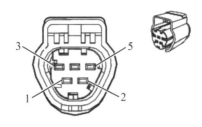

图 2-7-4　科鲁兹进气温度传感器线束端端子

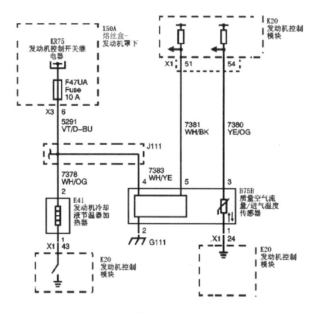

图 2-7-5　科鲁兹进气温度传感器系统电路图

1. 低电平信号参考电压电路(搭铁)　3. 信号电路

6. 实车数据测量(表 2-7-1)

表 2-7-1　实车数据测量

作业内容	图解	技术规范
1. 进气温度传感器数据流		**技术要求** 1. 连接 KT600，打开点火开关 2. 按照 KT600 操作流程，读取"进气温度传感器"数据流

作业内容	图解	技术规范
2. 测量进气温度传感 5 V 参考电压		**技术要求** 1. 关闭点火开关，断开进气温度传感器插头连接器 2. 万用表校零，正极接端子 3，负极接端子 1 3. 将点火开关置于 ON 位置，根据下表中的值测量电压 检测仪连接：3-1｜条件：点火开关 ON｜标准值：4.8～5.2 V
3. 测量进气温度传感电阻		**技术要求** 1. 拆下（或不拆）空气流量传感器（集成了进气温度传感器） 2. 将万用表正极连接至传感器端子 3，负极连接至端子 1 3. 根据数据流中的发动机进气温度，并测量进气温度电阻值 检测仪连接：1-2｜条件：kΩ｜电阻值：不同温度下显示不同的阻值 4. 标准数值详见"温度与电阻值对照表" **特别提醒** 如果非自动量程档的万用表需要将电阻量程档放在 20 kΩ 档，以防温度太低阻值太大，超过量程

三、 发动机冷却液温度传感器

发动机冷却液温度传感器（ECT）又称水温传感器，实物如图 2-7-6 所示。

图 2-7-6 冷却液温度传感器实物图

1 安装位置

根据发动机冷却系统不同，冷却液温度传感器数量不同。不带电子节温器的冷却系统有一个冷却液温度传感器，一般安装在发动机出水口，如图 2-7-7 所示，带电子节温器的冷却系统另外还有一个冷却液温度传感器，安装在散热器出水口处。

图 2-7-7　冷却液温度传感器安装位置图

2. 结构

通常冷却液温度传感器内部结构由 NTC 热敏电阻、引线传热外壳和接线端子组成。如图 2-7-8 所示。

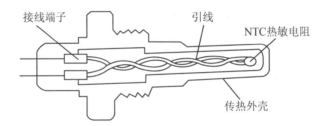

图 2-7-8　冷却液温度传感器结构示意图

3. 冷却液温度传感器在发动机电控系统中的功能

（1）喷油量控制。

在发动机起动时，ECM 根据冷却液温度传感器信号和曲轴位置传感器信号控制起动喷油量及起动后的喷油增量，喷油增量比率在刚起动后最大，然后逐渐减少。

（2）喷油量修正。

冷却液温度越低，喷油量越大，越能保证发动机低温时的运转性能，并实现快速暖机。

（3）冷却风扇控制。

ECM 根据冷却液温度控制电动冷却风扇转速。如果有两个冷却液温度传感器，则通过两个传感器测得的温度值进行比对后控制冷却风扇转速；若冷却液温度传感器信号丢失，电动冷却风扇将保持高速运转。

（4）点火提前修正。

当冷却液温度还很低时，混合气燃烧速度较慢，需适当增大点火提前角；在暖机过程中，冷却液温度逐渐升高，点火提前角逐渐减小。

（5）怠速控制。

发动机冷起动之后，冷却液温度较低，ECM将提高怠速转速，以保证发动机运转稳定；随着冷却液温上升，怠速转速逐渐降低。

（6）开/闭环控制。

当冷却液温度比较低时，ECM不会采集氧传感器信号进行闭环控制，以获得良好的起动性、动力性；只有当冷却液温度达到定值后，且发动机处于怠速或匀速行驶工况下，ECM才会采集氧传感器信号进行闭环控制。

（7）EVAP控制。

当发动机达到正常工作温度后，ECM才会控制炭罐吹洗电磁阀打开。

（8）空调压缩机控制。

当冷却液温高于设定温度时，ECM会控制空调压缩机离合器断开，只有冷却液温度下降至设定值以下时，ECM才会控制空调压缩机离合器重新吸合。

4. 工作原理

测量原理根据ECM内部分压电阻不同分为两种：

（1）如图2-7-9所示，冷却液温度传感器中的热敏电阻与ECM内部的分压电阻组成串联分压电路，ECM向该分压电路提供一个5 V的参考电压，冷却液温度传感器输入ECM的信号电压等于热敏电阻上分得的电压值。其信号特点如图2-7-10所示，温度越高，冷却液温度传感器阻值越小，信号电压越低；温度越低，冷却液温度传感器阻值越大，信号电压越高。

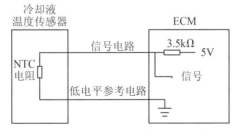

图2-7-9　冷却液温度传感器电路示意图

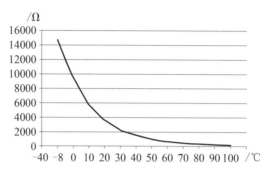

图 2-7-10　冷却液温度传感器信号图

（2）配置阶梯型分压电阻的冷却液温度传感器，如图 2-7-11 所示。

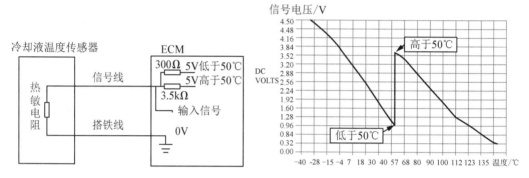

图 2-7-11　阶梯型分压电阻式冷却液温度传感器电路及信号示意图

为了提高温度传感器高温时的灵敏度，有些 ECM 内部的分压电阻采用阶梯电阻，即 ECM 内部有两个不同阻值的分压电阻，分别在不同的温度下接入温度传感器电路。温度低时，大阻值电阻接入温度传感器电路，温度高时，小阻值电阻接入温度传感器电路。

5. 实车端子及电路图描述（图 2-7-12 和图 2-7-13）

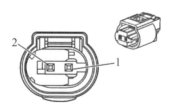

图 2-7-12　科鲁兹冷却液温度传感器线束端端子

雪佛兰 2013 款科鲁兹 LDE 发动机有两个冷却液温度传感器，传感器线束插头和端子结构都是一样的。

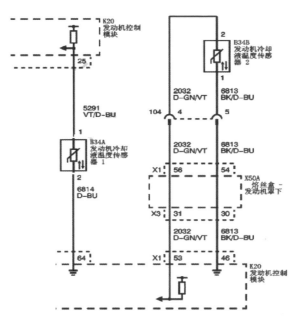

图 2-7-13　科鲁兹冷却液温度传感器系统电路图

下面是对电路图描述。

(1)冷却液温度传感 1。

1 号端子：5 V 信号电路；2 号端子：低电平参考电压电路(搭铁电路)。

(2)冷却液温度传感 2。

1 号端子：5 V 信号电路；2 号端子：低电平参考电压电路(搭铁电路)。

两个发动机冷却液温度传感器都是测量发动机冷却液温度的可变电阻，都是由 ECM 向两个传感器信号电路提供 5 V 电压，向低电平参考电压电路提供搭铁。

6. 实车数据测量（表 2-7-2）

表 2-7-2　实车数据测量

作业内容	图解	技术规范
1. 冷却液温度传感器数据流		**技术要求** 1. 连接 KT600，打开点火开关 2. 按照 KT600 操作流程，读取"发动机冷却液温度传感器"数据流

作业内容	图解	技术规范
2. 测量冷却液温度传感器5 V参考电压		**技术要求** 1. 关闭点火开关，断开冷却液温度传感器1的插头连接器 2. 万用表校零，正极接端子1，负极接端子2 3. 将点火开关置于ON位置 4. 根据下表中的要求测量 表格见下
3. 测量冷却液温度传感电阻		**技术要求** 1. 拆下冷却液温度传感器或者提前准备一个传感器 2. 将万用表正极连接至传感器端子1，负极连接至端子2 3. 根据数据流中的发动机冷却液温度测量冷却液电阻值 表格见下 4. 标准数值详见"温度与电阻值对照表" **特别提醒** 如果非自动量程档的万用表，需要将电阻量程档放在20 kΩ档，以防温度太低阻值太大超过量程

2. 测量冷却液温度传感器5 V参考电压：

检测仪连接	条件	标准值
1-2	点火开关ON	4.8～5.2 V

3. 测量冷却液温度传感电阻：

检测仪连接	条件	电阻值
1-2	kΩ	不同温度下显示不同的阻值

7. 故障诊断(表 2-7-3)

表 2-7-3 故障诊断

故障可以从以下方面察觉	故障原因	诊断方法
发动机冷却液温度过高 发动机冷却风扇高速转 仪表发动机故障灯亮 有故障码记忆	传感器损坏 导线故障 ECM 损坏	检查传感器导线、插头是否正确连接、断裂和腐蚀 读取故障码存储器记录 检测传感器是否损坏 检测导线

四、 温度与电阻值对照表

表 2-7-4 温度与电阻对照表(ECT)

℃	℉	Ω	℃	℉	Ω
温度与电阻值(近似值)			温度与电阻值(近似值)		
140	284	50	58	136	600
126	258	75	51	123	750
116	240	100	47	116	900
108	226	120	39	102	1 200
99	210	160	333	91	1 500
92	197	200	29	84	1 800
84	183	250	24	75	2 250
78	172	300	19	66	2 800
69	156	400	15	59	3 500
63	145	500	9	48	4 500
5	41	5 500	—27	—16	35 000
1	33	7 000	—28	—18	39 000
—6	+22	9 500	—30	—22	49 000
—9	+16	12 000	—33	—27	60 000
—14	+7	16 000	—37	—34	70 000
—19	—2	21 500	—40	—40	93 000
—24	—11	28 500			
—24	—11	31 000			
—27	—16	33 000			

⊙ **任务实施**

1. **任务准备**

（1）设备：每个工位雪佛兰 2013 款科鲁兹（LDE 发动机）实车一辆，车轮挡块、座椅三件套、翼子板护垫及前格栅布 1 套。

（2）工具：数字万用表，诊断仪，试灯，T 形线若干。

（3）辅助材料：抹布若干。

2. **实施步骤**（表 2-7-5）

表 2-7-5　雪佛兰 2013 款科鲁兹（LDE 发动机）实车电路/系统测试具体检修流程

作业内容	图解	技术规范
1. 断开冷却液温度传感器 B34A 的连接器	冷却液温度传感器	**技术要求** 1. 一定要在点火开关关闭的情况下断开温度传感器连接器 2. 注意连接器断开的方法，一般都有锁止装置，拔下或按下锁扣再将连接器拔下 **特别提示** 可能需要 2 min 才能让所有车辆系统断电
2. 低电平线路的断路检查（2-搭铁）		**技术要求** 1. 关闭点火开关 2. 数字万用表先校零，用 200 Ω 测量阻值标准 3. 标准电阻（断路检查） 表格： 检测仪连接｜条件｜规定状态 2-搭铁｜始终｜小于 10 Ω ≥10 Ω，转至步骤 3 <10 Ω，转至步骤 4 **特别提示** 1. 采用合适粗细的 T 形线端子 2. 用数字万用表测量阻值时，一定不允许带电操作 3. 车身金属部分均为搭铁点

续表

作业内容	图解	技术规范
3. 低电平线路端对端断路检查〔2-64(X2)〕		技术要求 1. 关闭点火开关，断蓄电池负极，断 K20 发动机控制模块的 X2 线束连接器 2. 数字万用表先校零，用 200 Ω 测量阻值标准 3. 标准电阻(断路检查) 检测仪连接 / 条件 / 规定状态：2-64(X2) / 始终 / 小于 2 Ω ≥2 Ω，则修理电路中的开路/电阻过大 <2 Ω，更换 K20 发动机控制模块 特别提醒 1. 禁止用手去触摸电控单元端子 2. 注意 X2 的断开方法
4. 诊断仪数据流检查		技术要求 1. 点火开关打开至 ON 2. 按照车型信息进入诊断仪读取发动机冷却液温度值 检测仪连接 / 条件 / 规定状态：诊断仪连接 / ON / 小于 -39 ℃ 若≥-39 ℃，转至步骤 5 若<-39 ℃，转至步骤 6
5. 信号电压端对搭铁的短路检查(1-搭铁)		技术要求 1. 关闭点火开关 2. 断开蓄电池负极，断开 K20 发动机控制模块的 X2 线束连接器 3. 数字万用表先校零，用 200 Ω 测量阻值标准 4. 标准电阻 检测仪连接 / 条件 / 规定状态：1-搭铁 / 始终 / ∞ ≠∞，则修理电路上的对搭铁短路故障 =∞，更换 K20 发动机控制模块

作业内容	图解	技术规范
6. 诊断仪数据流检查		**技术要求** 1. 信号端子 1 和低电平参考电压 2 之间安装一条带 3 A 熔丝的跨接线 2. 连接诊断仪读取数据流 | 检测仪连接	条件	规定状态
1-2	跨接 3 A 跨接线	高于 139 ℃ | ≤139℃，转至步骤 7 >139℃，测试或更换 B34A 发动机冷却液温度传感器本体转至步骤 9 **特别提醒** 1. 如果跨接线中的熔丝熔断，则信号电路可能对电压短路或对搭铁短路且传感器可能损坏 2. 注意诊断仪的正确操作
7. 信号电压端对电压短路的检查(1-搭铁)		**技术要求** 1. 关闭点火开关 2. 断开蓄电池负极，断开 K20 发动机控制模块的 X2 线束连接器 3. 测电压时，数字万用表选择直流 20 V 档位，正负极一定要与被测部件的正负极一致 4. 标准值 | 检测仪连接	条件	规定状态
1-车身搭铁	ON	小于 1 V | ≥1 V，则修理电路上的对电压短路故障 <1 V，转至步骤 8
8. 信号电压端对端的断路检查[1-25(X2)]		**技术要求** 1. 关闭点火开关，断蓄电池负极，断开 K20 发动机控制模块的 X2 线束连接器 2. 数字万用表先校零，用 200 Ω 测量阻值标准 3. 标准电阻(断路检查)

续表

作业内容	图解	技术规范
		<table><tr><td>检测仪连接</td><td>条件</td><td>规定状态</td></tr><tr><td>1-25（X2）</td><td>始终</td><td>小于 2 Ω</td></tr></table> ≥2 Ω，则修理电路中的开路/电阻过大 <2 Ω，更换 K20 发动机控制模块
9. 本体的静态测试		（技术要求） 1. 将点火开关置于关闭位置 2. 断开 B34A 发动机冷却液温度传感器 1 的线束连接器。 3. 一边改变传感器温度一边监测传感器电阻，从而测试 B34A 发动机冷却液温度传感器 1。将读数与"温度与电阻（ECT）"表中的数据相比较，确认电阻在规定值的 5% 以内。 4. 如果不在规定范围内，更换 B34A 发动机冷却液温度传感器 1
10. 修复后再次检查故障码和数据流，5S 工作		（技术要求） 设备和现场的整理工作

任务 8　燃油压力的检测

三 维 目 标

知识与技能目标：

(1)掌握燃油供给系统的结构形式；

(2)能叙述燃油供给系元件的作用、组成并认识其结构；

(3)会分析电动燃油泵的控制方式和工作过程；

(4)会进行燃油压力的检测。

过程与方法目标：

(1)学习过程中养成服从指挥的习惯；

(2)养成工作前、工作中和工作后的 5S 的习惯。

情感态度价值观目标：

(1)学会与同学合作交流，在合作交流的过程中获益；

(2)养成爱岗敬业、团结协作的职业意识。

→ 必备知识

一、燃油供给系统结构形式

燃油供给系统是电控燃油喷射系统的一部分。燃油供给系统结构形式有回油式、机械无回油式和电子无回油式三种形式。

1. 有回油式

(1)结构。

有回油式燃油供给系统由燃油箱、燃油泵、燃油滤清器、燃油导轨、燃油压力调节器和喷油器组成，如图 2-8-1 所示。

(2)燃油输送线路。

燃油箱→燃油泵→燃油滤清器→燃油导轨→喷油器；为了使燃油压力与进气管压力

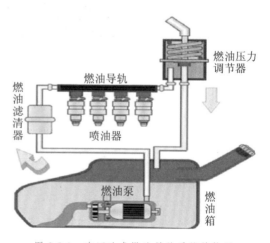

图 2-8-1　有回油式燃油供给系统结构图

差保持恒定，多余的燃油会从燃油轨道端头处的燃油压力调节器泄压回流至燃油箱。

（3）特点。

有回油式燃油供给系统的优点是喷油压力波动小；缺点是回流燃油导致燃油箱内油温升高，加速燃油箱内燃油的蒸发速度，燃油汽化而使喷油量减少，发动机的热起动性能较差。

2. 机械无回流式

机械无回流式根据燃油滤清器和燃油压力调节器的位置不同可分为三种，分别是：压力调节器和燃油滤清器分别安装在油箱内外，如图 2-8-2 所示；燃油滤清器和压力调节器集成安装在油箱内，如图 2-8-3 所示；燃油滤清器和压力调节器集成安装在油箱外，如图 2-8-4 所示。

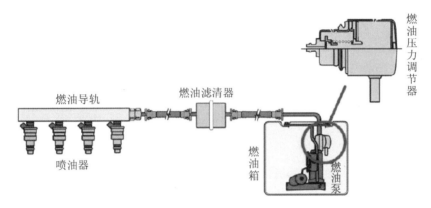

图 2-8-2　压力调节器和燃油滤清器分别安装在油箱内外的结构示意图

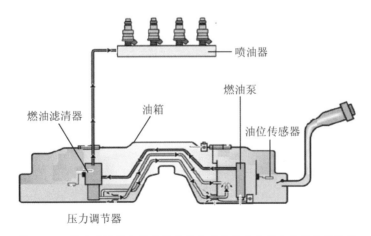

图 2-8-3　燃油滤清器和压力调节器集成安装在油箱内的结构示意图

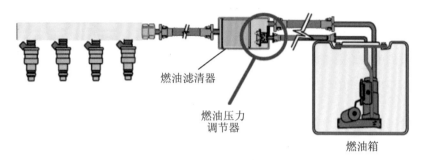

图 2-8-4　燃油滤清器和压力调节器集成安装在油箱外的结构示意图

（1）结构。

机械无回流式燃油供给系统由燃油箱、燃油泵、燃油压力调节器、燃油滤清器、燃油导轨和喷油器组成。

（2）燃油输送线路。

燃油箱→燃油泵→燃油滤清器→燃油导轨→喷油器；如果油箱内系统燃油压力过高，燃油会从压力调节器泄压回流至燃油箱。

（3）特点。

机械无回油式燃油供给系统采用恒压式燃油压力调节器，优点是过剩的油直接从燃油滤清器回油管或燃油箱内部返回燃油箱，避免了有回油式燃供给系统的缺点，同时也简化了燃油管道，降低了燃油管路泄漏的可能性。

3. 电子无回流式

（1）结构。

电子无回油式燃油供给系统不需要燃油压力调节器，燃油导轨上安装一个燃油压力传感器，如图 2-8-5 所示。

（2）燃油输送线路。

燃油箱→燃油泵→燃油滤清器→燃油导轨→喷油器，燃油导轨上的燃油压力传感器向 ECM 传送燃油压力信息，ECM 根据此信息直接控制燃油泵转速来实现控制燃油系统压力。

（3）特点。

ECM 以占空比的方式向燃油泵控制模块发送指令，燃油泵控制模块根据此指令调节燃油泵的转速，从而调节燃油系统中的压力，其特点是可以适时的根据进气歧管压力、发动机的需求和燃油温度对燃油压力进行连续可变的调整，实现按需供油。

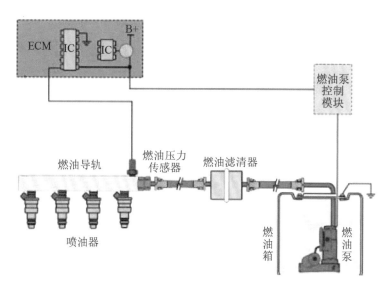

图 2-8-5 电子无回油式燃油供给系统

二、 电动燃油泵

电动燃油泵实物如图 2-8-6 所示。

1. 作用

电动燃油泵的作用是吸取油箱中的燃油，加压后通过燃油分配管输送给喷油器

2. 类型

图 2-8-6 电动燃

油泵实物图

(1)按安装位置不同可分为内置式和外置式两种。

内置式：安装在油箱中，噪声小、不易产生气阻、不易泄漏、管路安装简单，主要采用涡轮式电动燃油泵。

外置式：串接在油箱外部的输油管路中，易布置、安装自由大、单噪声大、易产生气阻，主要采用滚柱式电动燃油泵。

(2)按电动燃油泵的结构不同分为涡轮式、滚柱式、转子式和侧槽式。

3. 常用电动燃油泵的结构及基本原理

(1)涡轮式电动燃油泵。

①结构：主要由燃油泵电动机、涡轮泵、出油阀、卸压阀等组成，具体如图 2-8-7 所示。

②工作原理：燃油泵电动机通电时，电动机驱动涡轮泵叶片旋转，由于离心力的作用，使叶轮周围小槽内的叶片贴紧泵壳，将燃油从进油室带出油室。由于进油室的燃油不断增多，形成一定的真空度，将燃油从进油口吸入；而出油室燃油不断增多，燃油压力升高，当达到一定值时，顶开出油阀出油口输出。出油阀在油泵不工作时阻止燃油流回油箱，保持油路中有一定的压力，便于下次起动。如图 2-8-7 所示。

③优点：具有泵油量大、泵油压力较高、供油压力稳定、运转噪声小、使用寿命长等优点。此外，由于不需要消声器所以可以小型化，因此广泛地应用在轿车上。如捷达、本田雅阁。

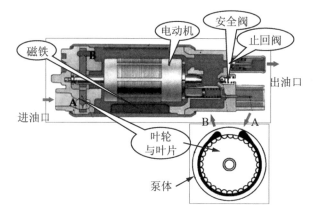

图 2-8-7　涡轮式电动燃油泵的结构与原理示意图

（2）滚柱式电动燃油泵。

①结构：主要由燃油泵电动机、滚柱式燃油泵、出油阀、卸压阀等组成，如图 2-8-8 所示。

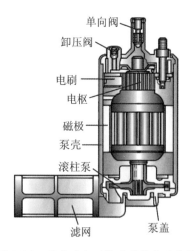

图 2-8-8　滚柱式电动燃油泵结构示意图

②工作原理：当转子旋转时，位于转子槽内的滚柱在离心力的作用下，紧压在泵体内表面上，对周围起密封作用，在相邻两个滚柱之间形成工作腔。在燃油泵运转过程中，工作腔转过出油口后，其容积不断增大，形成一定的真空度，当转到与进油口连通时，将燃油吸入；而吸满燃油的工作腔转过进油口后，容积不断减小，使燃油压力提高，受压燃油流过电动机，从出油口输出。具体如图 2-8-9 所示。

③特点：运转噪声大、油压脉动大、泵内表面和转子易磨损。

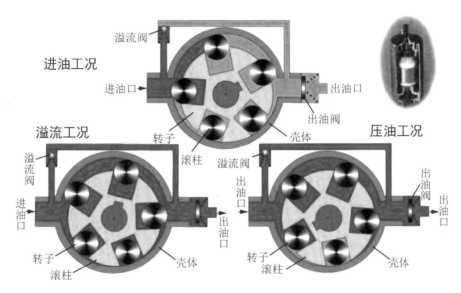

图 2-8-9　滚柱式电动燃油泵原理示意图

4. 燃油泵的控制

（1）由 ECU 控制的燃油泵控制模块控制电路。

这种控制主要应用在装用 D 型 EFI 和装用热式（热线式和热膜式）、卡门旋涡式空气流量计的 L 型 EFI 系统中。

控制原理：燃油泵控制 ECU，根据发动机 ECU 端子 FPC 和 DI 的信号，控制＋B 端子与 FP 端子的连通回路，以改变输送给燃油泵电压，从而实现对燃油泵转速的控制。具体电路图如图 2-8-10 所示。目前较多车型已经开始普及利用燃油泵控制模块控制油泵。

（2）由燃油泵开关控制的燃油泵控制。

这种控制主要用于装用叶片式空气流量计的 L 型 EFI 系统中。

控制原理：当点火开关 ST 端子接通时，起动机继电器线圈通电使触点闭合，此时开路继电器中 L1 线圈通电使其触点闭合，从而通过主继电器、开路继电器向燃油泵供电，油泵工作；发动机正常运转时，点火开关 IG 端子与电源接通，同时空气流量计测量板转动使油泵开关闭合，开路继电器 L2 通电，使开路继电器触点保持闭合，油泵继续工作。发动机停转时，L1 和 L2 线圈不通电，燃油泵停止工作。具体电路如图 2-8-11 所示。目前叶片式空气流量计已经很少采用，渐渐被淘汰。

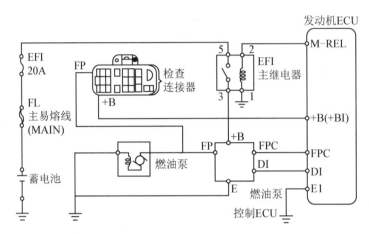

图 2-8-10　ECU 控制的燃油泵控制电路

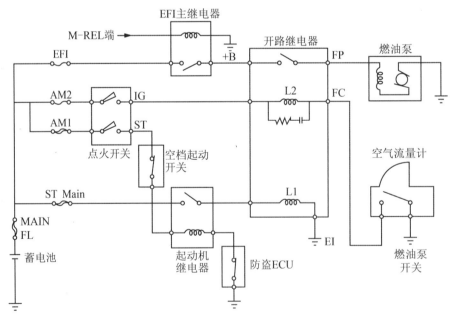

图 2-8-11　燃油泵开关控制的燃油泵控制电路图

（3）由 ECU 控制燃油泵继电器的燃油泵控制电路。

如图 2-8-12 所示。此控制电路根据发动机转速和负荷的变化，通过燃油泵继电器改变油泵的供电线路，从而控制油泵的工作转速。目前较多车型采用由 ECU 来直接控制燃油泵继电器的形式，应用比较广泛，不过较多情况下油泵继电器工作燃油泵就运转，工作转速并没有高低之分。

图 2-8-13 为科鲁兹燃油泵的控制系统电路图。

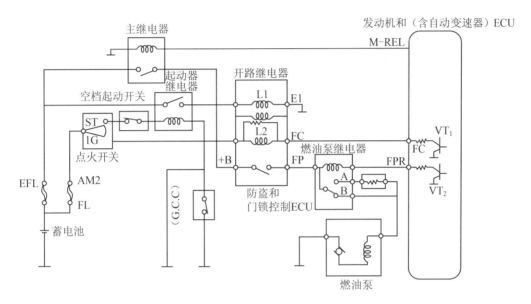

图 2-8-12　燃油泵继电器控制的燃油泵控制电路

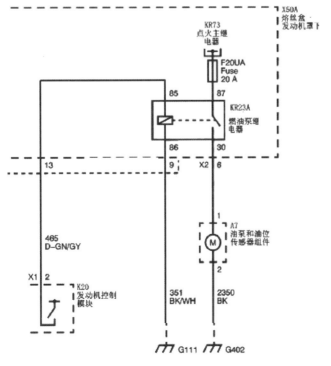

图 2-8-13　科鲁兹燃油泵控制系统电路图

具体控制过程：只要发动机起动或运行，发动机控制模块（ECM）就向燃油泵继电器线圈侧提供点火电压。只要发动机正在起动或运行且接收到点火系统基准脉冲，发动机控制模块就会使燃油泵继电器通电。如果没有收到点火系统基准脉冲，发动机控制模块关闭燃油泵。燃油泵继电器控制电路配备反馈电路，其电压升至发动机控制模块的电压。发动机控制模块通过监测反馈电压确定控制电路是否开路、对搭铁或对电压是否短路。

5. 燃油泵的就车检查

（1）用专用导线将诊断座上的燃油泵测试端子跨接到 12 V 电源上。

（2）将点火开关转至"ON"位置，但不要起动发动机。

（3）旋开油箱盖能听到燃油泵工作的声音，或用手捏进油软管应感觉有压力。

（4）若听不到燃油泵的工作声音或进油管无压力，应检修或更换燃油泵。

（5）若有燃油泵不工作故障，且上述检查正常，应检查燃油泵电路导线、继电器、易熔线和熔丝有无短路。

6. 燃油泵的拆装与检测

拆装燃油泵时注意：应释放燃油系统压力，并关闭用电设备。拆下燃油泵后，测量燃油泵两端子之间电阻，应为 2～3 Ω。用蓄电池直接给燃油泵通电，应能听到油泵电动机高速旋转的声音，但通电时间不能太长。

三、燃油导轨

燃油导轨也称燃油分配管，一端连接进油管，根据燃油供给系统形式不同有的另一端连接燃油压力调节器，设计上还有一个燃油压力测试口。

燃油导轨的作用是将汽油均匀等压输送给各缸喷油器。其布置图如图 2-8-14 所示。

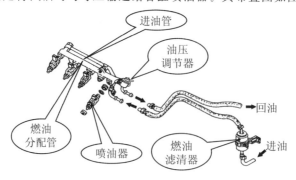

图 2-8-14　燃油分配管布置图

四、 燃油滤清器

燃油滤清器的作用是滤清燃油中的杂质和水分，防止燃油系统堵塞，减小机件磨损，保证发动机正常工作。

一般采用纸质滤芯，每行驶 20 000～40 000 km 或 1～2 年应更换，安装时应注意燃油流动方向的箭头，不能装反。

五、 燃油压力调节器

发动机电子控制单元 ECM 对喷油量的控制是时间控制，即控制喷油的持续时间，喷油压力便成为影响喷油量和空燃比的重要因素。在相同的喷油持续时间里，若喷油压力不同，则喷油量也不同。为了精确地控制喷油量和空燃比，在有回油管路的燃油系统中，必须确保喷油压力与进气歧管真空度之间的压力差为恒定值，为此需要燃油压力调节器。而在机械无回油管路的燃油系统中，也需要燃油压力调节器来稳定油路中的油压。燃油压力调节器可分为真空式燃油压力调节器和恒压式燃油压力调节器两种类型。

1. 真空式燃油压力调节器

真空式燃油压力调节器应用在有回油燃油系统中。

（1）作用。

稳定喷油压力（即燃油导轨内部油压与进气歧管真空度的压力差），使电子燃油喷射系统只通过控制喷油器的喷油时间就可精确控制喷油量。

（2）结构组成。

真空式燃油压力调节器由金属壳体、膜片、预紧弹簧（大小两个弹簧）和球阀组成。膜片将壳体内腔分成一个燃烧室和一个真空室，如图 2-8-15 所示。

（3）工作原理。

发动机工作时，燃油压力调节器膜片上方承受的压力为弹簧压力和进气管内气体的压力

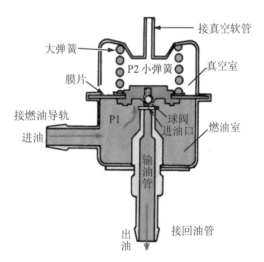

图 2-8-15　真空式燃油压力调节器结构示意图

之和，膜片下方承受的压力为燃油压力，当压力相等时，膜片处于平衡位置不动。当进气管内气体压力下降时，膜片向上移动，回油阀开度增大，回油量增多，使输油管内燃油压力也下降；反之，进气管内气体压力升高时，燃油的压力也升高。

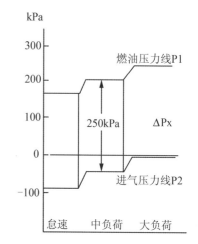

图 2-8-16　真空式燃油压力调节器工作原理图

真空式燃油压力调节器可以使燃油导轨内部油压随着进气歧管的压力变化而变化，以保证喷油器的喷油压力恒定，如图 2-8-16 所示。

喷油压力 $\Delta P＝$ 燃油导轨油压 P1－真空室压力 P2，喷油压力 ΔP 保持在 250 kPa。（例如，桑塔纳 2000）

2. 恒压式燃油压力调节器

恒压式燃油压力调节器应用于无回油式燃油供给系统，回油是在油箱内或者燃油滤清器回油管中完成。

（1）结构。

恒压式燃油压力调节器主要由弹簧、阀门和进回油管组成，如图 2-8-17 所示。

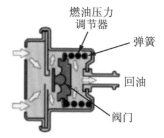

图 2-8-17　恒压式燃油压力
调节器结构示意图

（2）工作原理。

使用恒压式燃油压力调节器的燃油供给系统的燃油导轨油压与其内部泄压阀的预紧力有关，燃油导轨内的油压一般设定在 325～415 kPa。当系统内燃油压力高于预定值，多余燃油即顶开弹簧从回油管路流回油箱。

➔ 任务实施

1. 任务准备

（1）设备：每个工位雪佛兰科鲁兹整车一辆，车轮挡块，座椅三件套，翼子板护垫及前格栅布 1 套，燃油压力表 1 套。

（2）辅助材料：干净的可装残余汽油的容器，抹布若干。

2. **实施步骤**（表 2-8-1）

表 2-8-1　实施步骤

作业内容	图解	技术规范
1. 做好起动前的安全防护		**技术要求** 1. 安装车轮挡块。 2. 安装室内外三件套。 3. 检查蓄电池电压与机油量。 4. 安装尾排
2. 拔掉燃油泵熔丝 F20UA		**特别提醒** 熔丝位于 X50A 熔丝盒—发动机罩下 **安全警告** 小心不要将熔丝拔断
3. 起动发动机卸压		**特别提醒** 顺时针旋转点火钥匙起动，如果发动机没有起动成功，应将点火钥匙退回到初始位置后再起动，每次起动时间不能超过 5 s，每次起动间隔 15 s
4. 拆卸燃油压力测试保护盖		**技术要求** 在燃油分配管测试接头上拆下燃油压力测试保护盖 **安全警告** 汽油或汽油蒸气非常容易燃烧，存在火源可能会导致火灾。为防止火灾或者爆炸危险，切勿使用敞口容器排除或存放汽油或柴油，请在附近准备一个干粉化学（B级）灭火器

作业内容	图解	技术规范
5. 连接燃油压力表		**技术要求** 1. 注意燃油压力测试接头处务必可靠拧紧 2. 将燃油压力表借助挂钩悬挂在引擎盖上 **特别提醒** 1. 拧紧的时候管路中会有少许燃油溢出，所以拧紧的同时在接头处务必盖一块干净的抹布，以便吸附泄露的燃油 2. 将抹布扔至不可回收垃圾桶
6. 燃油压力检查		**技术要求** 1. 安装燃油泵熔丝 2. 起动发动机 3. 按下卸压阀，怠速时放出压力测试仪中的空气 4. 将流出的燃油收集到合适的容器中 **特别提醒** 如果有条件，燃油尽量收集到一个相对比较密闭的容器里

作业内容	图解	技术规范
7. 读取燃油压力数值		**技术要求** 怠速状态时燃油压力应为 380 kPa **安全警告** 如果发现接头处漏油，应立即停机复紧接头
8. 系统密封性检查		**技术要求** 关闭点火开关 10 min 后，燃油压力会稍降至大概 200 kPa
9. 拔燃油泵熔丝 F20UA		**特别提醒** 熔丝位于 X50A 熔丝盒—发动机罩下 **安全警告** 小心不要将熔丝拔断
10. 起动发动机卸压		**特别提醒** 顺时针旋转点火钥匙起动发动机，如果发动机没有起动成功，应将点火钥匙退回到初始位置后再起动，每次起动时间不能超过 5 s，每次起动间隔 15 s
11. 拆卸燃油压力表		**特别提醒** 拆卸油管时可能会有少量的燃油漏出，请用抹布垫于油管下端吸附燃油

续表

作业内容	图解	技术规范
12. 卸掉燃油压力表中的残余燃油		**技术要求** 按下卸压阀，放掉燃油表中的残余燃油
13. 装复燃油压力测试接头处的保护盖并起动检查		**技术要求** 1. 装复燃油压力测试保护盖 2. 起动发动机检查是否漏油 **安全警告** 如果发现接头处漏油，应立即停机复紧接头

续表

作业内容	图解	技术规范
14.5S 工作		**技术要求** 1. 拆卸翼子板布、前格栅布，盖上发动机舱盖 2. 设备和现场的整理工作

MISSION 任务 9　喷油器的检修

知识与技能目标：

(1)了解燃油供给系统的组成；

(2)能叙述喷油器的作用并能指出其在实车上的安装位置；

(3)能叙述喷油器类型并认识喷油器结构；

(4)会分析喷油器的工作过程；

(5)会分析各种工况下的喷油量控制；

(6)会分析喷油器的控制电路和故障原因；

(7)会结合喷油器的波形进行工作过程的分析；

(8)会进行喷油器的检修。

过程与方法目标：

(1)学习过程中养成服从指挥的习惯；

(2)养成工作前、工作中和工作后的 5S 的习惯。

情感态度价值观目标：

(1)学会与同学合作交流，在合作交流的过程中获益；

(2)养成爱岗敬业、团结协作的职业意识。

→ **必备知识**

一、喷油器简介

1. 喷油器的作用

喷油器是燃油供给系中的重要零件，通常安装在进气歧管或气缸盖上。其作用是按照发动机 ECU 计算出的喷射正时和脉宽（喷油量），向进气歧管或气缸内喷射燃油。

2. 喷油器的类型

在电控燃油喷射系统中，使用的喷油器根据喷射形式不同分为进气管喷射的电磁式喷油器、缸内直喷的电磁式喷油器和缸内直喷的压电式喷油器，如图 2-9-1 所示。

进气管喷射的电磁式喷油器　　缸内直喷的电磁喷油器　　缸内直喷的压电喷油器

图 2-9-1　喷油器实物图

二、 进气管喷射的电磁式喷油器

1. 结构

进气管喷射的电磁式喷油器安装在进气门前的进气歧管处，紧靠进气门前部将燃油喷入进气通道内，结构如图 2-9-2 所示。由带衔铁的喷油嘴、电磁线圈、弹簧、2 端子的电气接口和燃油输入接口组成。

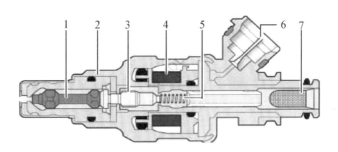

图 2-9-2　进气管喷射的电磁式喷油器结构示意图

1. 喷油嘴　2. 壳体　3. 衔铁　4. 电磁线圈　5. 弹簧　6. 电气接口　7. 燃油接口

2. 工作原理

喷油器利用内部弹簧将喷油嘴针压向喷油器喷油孔，从而关闭喷射阀，当通过喷油器电气接口给喷油器的电磁线圈通电后，电磁线圈即产生磁场吸引衔铁，这样可使喷嘴针克服弹簧弹力，打开喷射阀。切断电流时，喷嘴针会被弹簧压入喷射阀喷油孔内并切断燃油流。由此可以看出喷油量多少取决于喷油器通电时间的长短。

三、 缸内喷射的电磁式喷油器

1. 结构

缸内喷射的电磁式喷油器结构与进气管喷射的电磁式喷油器相似，如图 2-9-3 所示，由密封环、细滤网、2 个端子的电气接口、弹簧、电磁线圈、带衔铁的喷嘴针、阻尼密封的特氟隆环、阀座和 6 个喷油孔的喷油阀组成。

2. 工作原理

此利用了内部电磁线圈通电产生电磁感应原理，二者的区别是缸内喷射的电磁式喷油器是一种向内打开的多孔阀，它的喷射角度和喷射形状可变性较高，喷射压力最高可达 200 bar，应用于高精度缸内直喷发动机。

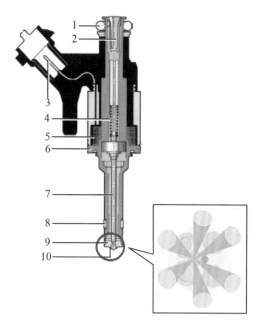

图 2-9-3　缸内喷射的电磁式喷油器结构示意图

1. 密封环　2. 细滤网　3. 电气接口　4. 弹簧　5. 电磁线圈　6. 壳体

7. 带有衔铁的喷嘴针　8. 特氟隆环　9. 阀座　10. 喷油阀喷油孔

四、 缸内喷射的压电式喷油器

压电式喷油器与电磁式喷油器的结构和工作原理均不同，常用于高精度缸内直喷发动机。

1. 结构

压电式喷油器结构如图 2-9-4 所示，由向外打开的喷嘴针、压电元件和热补偿器组成。其中压电元件就是一个电动机械式转换器。此压电元件由多层构成，是一个把电能直接转换成机械能（力/位移）的陶瓷元件，在上面施加电压时，压电元件膨胀。

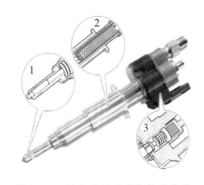

图 2-9-4　压电式喷油器结构示意图
1. 向外打开的喷嘴针　2. 压电元件　3. 热补偿器

2. 工作原理

压电式喷油器不是通过喷嘴针的收缩打开喷油阀的喷油孔的，而是通过 2 端子的电气接口给内部压电陶瓷元件施加 12 V 电压，利用压电陶瓷通电膨胀拉伸变形的特点，如图 2-9-5 所示，使喷嘴针向喷油阀外打开，从而打开喷油孔，由此形成一个环形喷油间隙，加压后的燃油通过该环形间隙形成空心锥形油束，如图 2-9-6 所示。相比较缸内喷射的电磁式喷油器，它响应速度更灵敏，但喷射角度一旦超出允许范围，会造成燃烧室和火花塞积炭严重。

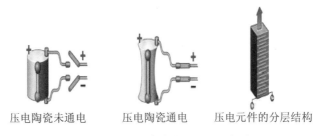

压电陶瓷未通电　　压电陶瓷通电　　压电元件的分层结构

图 2-9-5　压电式喷油器原理示意图

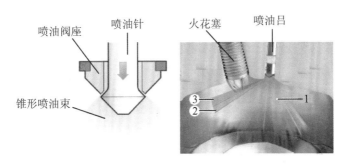

图 2-9-6　压电式喷油器喷射示意图
1. 理想锥形油束　2. 允许的喷射范围　3. 不允许的喷射范围

五、 喷油器驱动方式

喷油器驱动方式方式为电流驱动和电压驱动。

电流驱动用于低电阻喷油器，电压驱动既可用于低电阻喷油器又可用于高阻喷油器。

低阻值喷油器电阻值为 $2\sim3\ \Omega$，高阻值喷油器电磁线圈电阻值为 $13\sim16\ \Omega$。

低电阻喷油器在电流驱动回路中无附加电阻，低阻喷油器直接与蓄电池连接，通过 ECU 对流过喷油器线圈的电流进行控制。这种控制方式开始导通电流大，使针阀打开迅速，喷油器具有良好的相应性，针阀打开后保持电流较小，可防止喷油器线圈发热，减少功率消耗。

电压驱动结构简单，与电流驱动相比，喷油器上产生的电磁吸力降低，针阀开启迟滞时间长。

六、 各种工况下的喷油量控制

喷油正时：喷油开始时刻至活塞运行到进气行程上止点时所对应的曲轴角度。

1. 喷油量的控制

(1)起动时喷油量的控制。根据冷却液温度确定基本喷油脉宽，随冷却液温度的升高而减小(具体参照冷却液温度传感器的检测)。

(2)起动后喷油量的控制。实际喷射持续时间＝基本喷射持续时间×修正系数＋无效喷射持续时间。

①基本喷射持续时间。

进气质量流量越大，发动机转速越高，基本喷射持续时间变长。

②修正系数。

暖机加浓：从起动后持续到冷却液温度正常；修正系数随冷却液温度的升高而衰减，如图 2-9-7 所示。

过热加浓：一般汽车在高速行驶时，由于行驶中风冷作用且燃油一直在流动，所以燃油温度不会太高，约 50 ℃。但如果此时发动机熄火，燃油停止流动，发动机就会成为热源，使燃油温度升高，一旦到 80 ℃～100 ℃，油箱和油管内的燃油就会出现沸腾，产生燃油蒸气。这样在喷油器喷射的燃油中，因含有蒸气而使喷油量减少造成混合气变稀。为了解决因燃油蒸气引起的混合气稀化问题，应采取高温起动

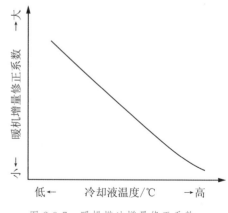

图 2-9-7 暖机燃油增量修正系数

时燃油喷射脉冲宽度修正的措施，一般是当冷却液温度上升到设定值（如 100℃）以上时，进行高温燃油增量修正，如图 2-9-8 所示。

　　加速加浓：负荷变化率越大，加浓量越大，如图 2-9-9 所示。

　　减速减油：负荷变化率越大，减油量越大，如图 2-9-9 所示。

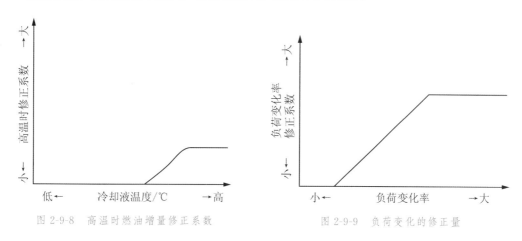

图 2-9-8　高温时燃油增量修正系数　　　　　　图 2-9-9　负荷变化的修正量

　　空燃比反馈修正（短时燃油修正）：在息速和部分负荷的稳定工况，氧传感器检测排气中氧含量，ECM 判断混合气成分，调整空燃比在理论值 14.7 左右，从而使三元催化效果最佳，达到最佳的排放性能，即燃油闭环控制。

　　大负荷、高转速加浓修正：此时为了获得较大功率，供给功率混合气 12.5 左右。

　　断油控制包括减速断油、超速断油和缺火断油。

　　减速断油：发动机在某一高转速，节气门突然关闭，急减速断油；当发动机转速降至某一转速时或节气门打开，恢复供油。

　　超速断油：为了保证安全，发动机转速和车速超过某一最高速度时，断油。

　　缺火断油：ECM 检测到某缸火花塞不点火，为了保护三元催化转换器，将该缸喷油器断油。

　　③无效喷射持续时间。

　　蓄电池电压越大，无效喷射持续时间越短，应减小喷油脉冲宽度。

　　无效喷射时间持续时间是指喷油器针阀打开时间与喷油器针阀关闭时间的差值。喷油器针阀打开时间与蓄电池电压有关，而喷油器针阀关闭则依靠弹簧回位，与蓄电池电压无关，其具体特性如图 2-9-10 所示。

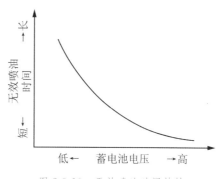

图 2-9-10　无效喷油时间特性

七、 喷油器实车应用（以雪佛兰 2013 款科鲁兹 LDE 发动机为例）

雪佛兰 2013 款科鲁兹 LDE 发动机使用的是进气管喷射的电磁式喷油器，其结构原理不再重述。

1. 实车端子及电路图描述（图 2-9-11 和图 2-9-12 ）

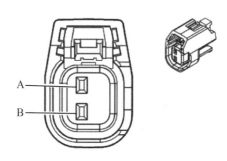

图 2-9-11　科鲁兹电磁式喷油器线束端端子图

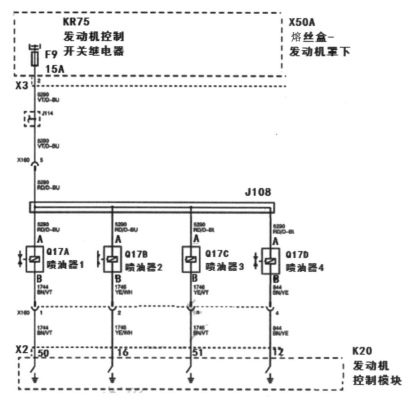

图 2-9-12　科鲁兹喷油器系统电路图

（1）端子图描述：A—点火电压电路，12 V供电；B—低电平控制电路。

（2）电路图描述：每一个喷油器的正极供电由发动机控制开关继电器提供，发动机控制模块ECM通过内部一个被称为驱动器的固态装置控制喷油器的搭铁。

2. 控制原理描述

用示波器在喷油器控制端测量喷油波形，如图2-9-13所示。

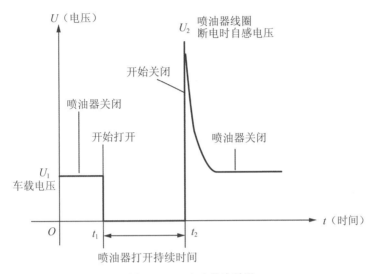

图 2-9-13 喷油器波形图

$0-t_1$时间段，ECM没有接通喷油器负极的搭铁，没有电流从喷油器的电磁线圈流过，喷油器处于关闭状态；t_1时刻ECM开始接通喷油器负极的搭铁，喷油器的电磁线圈开始有电流流过，电磁线圈利用电磁感应原理打开喷油器阀，喷油器开始喷油，t_1-t_2时间段喷油器处于持续打开状态；直至t_2时刻ECM切断喷油器负极的搭铁，喷油器关闭。

3. 实车数据测量（表2-9-1）

表 2-9-1 实车数据测量

作业内容	图解	技术规范
1. 喷油器数据流	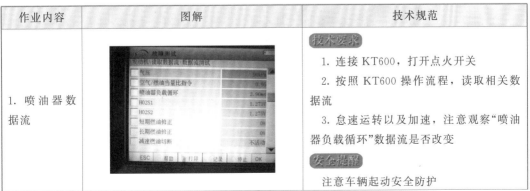	**技术要求** 1. 连接KT600，打开点火开关 2. 按照KT600操作流程，读取相关数据流 3. 怠速运转以及加速，注意观察"喷油器负载循环"数据流是否改变 **安全提醒** 注意车辆起动安全防护

续表

作业内容	图解	技术规范
2. 动作测试		**技术要求** 1. 运转车辆，依次进入"动作测试/气缸动力平衡/气缸 2.1(或 2.3.4)喷油器/气缸 1(或 2.3.4)喷油器回路状态"界面 3. 指令关闭，观察发动机状态变化 4. 按"退出"或"ESC"键分别再次对其他缸依次指令关闭控制回路状态，观察发动机状态变化 **安全规范** 注意车辆起动安全防护
3. 测量喷油器供电电压		**技术要求** 1. 关闭点火开关，断开喷油器(任选一缸)插头连接器 2. 点火开关置于 ON 3. 万用表校零，正极连接 A，负极搭铁，根据下表中的值用数字万用表直流 20 V 档测量电压 <table><tr><th>检测仪连接</th><th>条件</th><th>标准值</th></tr><tr><td>A-搭铁</td><td>点火开关ON</td><td>车载电压</td></tr></table>

续表

作业内容	图解	技术规范
4. 测量喷油器波形	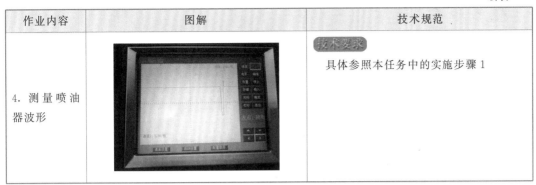	技术要求 具体参照本任务中的实施步骤1

4. 故障诊断(表2-9-2)

表 2-9-2　故障诊断

故障可以从以下方面察觉	故障原因	诊断方法
发动机抖 发动机熄火 仪表发动机故障灯亮 存储故障码	喷油器堵塞 喷油器损坏 插头连接不牢 线束故障 ECM损坏	检查导线、插头是否正确连接、断裂和被腐蚀 读取故障码存储器记录 检测喷油器是否损坏 用示波器测量信号 检测导线

➔ 任务实施

1. 任务准备

(1)设备：每个工位科鲁兹整车一辆，车轮挡块、座椅三件套、翼子板护垫及前格栅布1套。

(2)工具：每个工位数字万用表1只，测试灯1只、诊断仪器1套，T形线若干。

(3)辅助工具：抹布若干。

2. 实施步骤1（表2-9-3）

表 2-9-3　雪佛兰 2013 款科鲁兹(LDE 发动机)波形检测流程

作业内容	图解	技术规范
1. 断开相应的 Q17 喷油器处的线束连接器（本任务断开了 Q17D）		**技术要求** 　1. 一定要在点火开关关闭的情况下断开喷油器连接器 　2. 注意连接器断开的方法，一般都有锁止装置，拔下或按下锁扣再将连接器拔下 **特别提醒** 　科鲁兹的 4 个喷油器有单独的线束插头，也有一个总的线束插头
2. 用 T 形线连接 Q17D 及其线束端		**技术要求** 　1. 采用合适的 T 形线连接本体与线束端 　2. 确保连接之后喷油器能正常工作
3. 诊断仪波形测试连接		**技术要求** 　1. 将示波器探头接线端接入 KT600CH1 通道 　2. 将示波器探头的正极接喷油器控制端 B 端子，示波器探头的负极接地

续表

作业内容	图解	技术规范
		安全警告 1. 通道可以任意选择，可以同时调取 4 个通道的波形，如仅调取一个波形可以选择第一通道 2. 所有的调取波形的方法都雷同，示波器探头的正极接信号或者控制端，负极接地
4. 进入诊断仪调取界面	 	技术要求 1. 打开 KT600，依次进入"示波分析仪界面"，再进入"通用示波器界面" 2. 可以利用"通道设置"进入不同通道

续表

作业内容	图解	技术规范
5. 调取波形	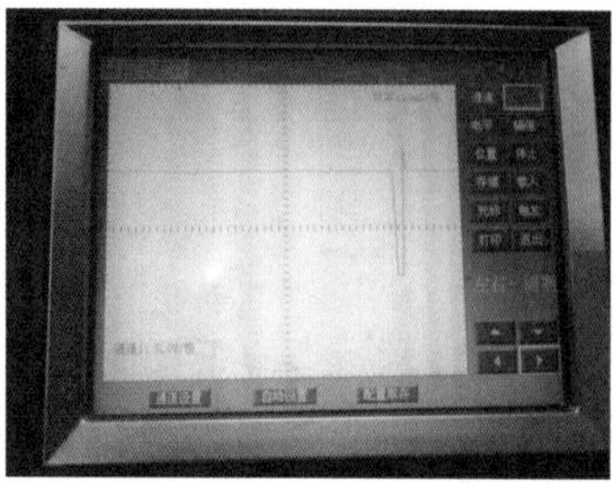	**技术要求** 1. 调整合适的周期和幅值 2. 调取波形 **特别提醒** 1. 根据诊断仪界面提示调整周期或幅值 2. 若周期和幅值调整不合适，波形可能会显示不出来或显示效果不佳
6. 5S 工作	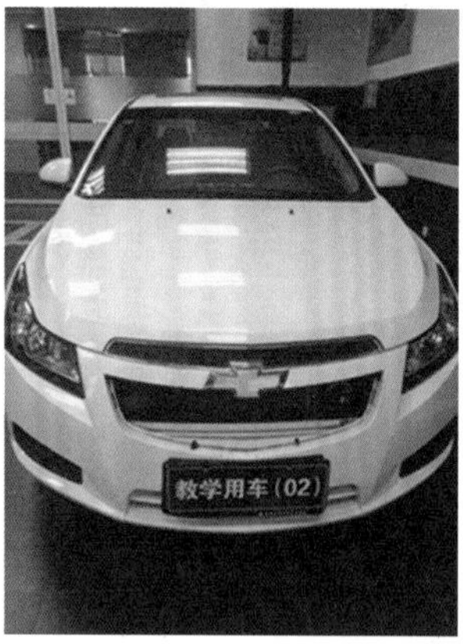	**技术要求** 设备和现场的整理工作

3. 实施步骤 2（表 2-9-4）

表 2-9-4　雪佛兰 2013 款科鲁兹（LDE 发动机）实车电路/系统测试具体检修流程

作业内容	图解	技术规范
1. 断开相应的 Q17 喷油器处的连接器（本任务断开了 Q17D）	 　喷油器总线束插头　喷油器	**技术要求** 1. 一定在点火开关关闭的情况下断开喷油器连接器 2. 注意连接器断开的方法，一般都有锁止装置，拔下或按下锁扣后，再将连接器拔下 **特别提醒** 科鲁兹的 4 个喷油器有单独的线束插头，也有一个总的线束插头

续表

作业内容	图解	技术规范
	锁扣解锁	
2. 试灯测试（点火电压 A-搭铁）		**技术要求** 1. 采用合适的 T 形线连接试灯正极与点火电压 A 端子，检测应符合下列要求 （表格如下） 如果测试灯未点亮，且电路熔丝状态良好，转至步骤 3 如果测试灯未点亮，且电路熔丝状态损坏，转至步骤 4 如果测试灯亮，转至步骤 5
3. 点火电压端对端的断路检查（A-F9UA 熔丝）		**技术要求** 1. 关闭点火开关 2. 数字万用表先校零，用 200 Ω 测量阻值标准 3. 标准电阻（断路检查） （表格如下） ≥2 Ω，则修理电路中的开路/电阻过大 <2 Ω，确认熔丝未熔断且熔丝处有电压 **特别提醒** 熔丝的位置在 X50 熔丝盒发动机罩下

步骤 2 技术要求表格：

检测仪连接	条件	规定状态
试灯连接（A-车身搭铁）	点火开关 ON	亮

步骤 3 技术要求表格：

检测仪连接	条件	规定状态
A-F9UA	始终	小于 1 Ω

作业内容	图解	技术规范
4. 点火电压端对搭铁短路检查（A-搭铁）		**技术要求** 1. 关闭点火开关 2. 数字万用表先校零，用 200 Ω 测量阻值标准 3. 标准电阻 表格见下方 ≠∞，则修理电路上的对搭铁短路故障 ＝∞，则更换 Q17D 喷油器
5. 试灯测试（点火电压 A-低电平控制 B）		**技术要求** 1. 试灯正负极分别连接喷油器线束 A、B 端子 2. 起动或运行发动机，应符合下列情况 表格见下方 如果测试灯未闪烁，转至步骤 6 如果测试灯闪烁，测试喷油器转至步骤 9
6. 线路短路检查（B-搭铁）		**技术要求** 1. 关闭点火开关 2. 断开蓄电池负极，断开 K20 发动机控制模块的 X2 线束连接器 3. 数字万用表先校零，用 200 Ω 测量阻值标准 4. 标准电阻 表格见下方 ≠∞，则修理电路上的对搭铁短路故障 ＝∞，转至步骤 7 **特别提醒** 禁止用手去触摸电控单元端子

作业内容 4 技术规范表格：

检测仪连接	条件	规定状态
A-搭铁	始终	∞

作业内容 5 技术规范表格：

检测仪连接	条件	规定状态
试灯连接（A-B）	起动或运行	闪烁

作业内容 6 技术规范表格：

检测仪连接	条件	规定状态
B-搭铁	始终	∞

作业内容	图解	技术规范
7. 低电平控制端对端的断路检查(B-12(X2))		**技术要求** 1. 关闭点火开关，断蓄电池负极，断K20 发动机控制模块的 X2 线束连接器 2. 数字万用表先校零，用 200 Ω 测量阻值标准 3. 标准电阻(断路检查) 表格如下 ≥2 Ω，则修理电路中的开路/电阻过大 ＜2 Ω，转至步骤 8
8. 低电平控制端对电压短路的检查(B-搭铁)		**技术要求** 1. 关闭点火开关，断蓄电池负极，断K20 发动机控制模块的 X2 线束连接器 2. 点火开关置于 ON 3. 根据下表中的值用数字万用表直流20 V 档测量电压 表格如下 ≥1 V，则修理电路上的对电压短路故障 ＜1 V，则更换 K20 发动机控制模块
9. 测试喷油器本体		**技术要求** 1. 关闭点火开关 2. 断开 Q17D 线束连接器 3. 数字万用表先校零，用 200 Ω 测量阻值标准 4. 标准电阻 表格如下 若不在范围，更换喷油器 Q17D

步骤 7 标准电阻(断路检查):

检测仪连接	条件	规定状态
B-12(X2)	始终	小于 2 Ω

步骤 8:

检测仪连接	条件	规定状态
B-搭铁	ON	低于 1 V

步骤 9 标准电阻:

检测仪连接	条件	规定状态
A-B(本体端)	始终	13～18 Ω

作业内容	图解	技术规范
10.修复后再次检查故障码和数据流，5S工作		技术要求 设备和现场的整理工作

项目3 电控点火系统的检修

项目概述

汽油机属于点燃式发动机，要求在压缩行程终了前，准时、可靠地点燃可燃混合气。尤其是现代车用汽油机，转速高达 6 000～8 000 r/min，负荷变化范围广，压缩比增强，排放性能要求严，采用废气再循环和燃用稀的混合气，都给汽油的可靠点燃带来新的困难。汽油机要求点火系在任何复杂的工况下都能以最佳的点火提前角准时点火，同时点火能量足以维持各种浓度和条件的混合气的正常着火。

教育是国之大计、党之大计。培养什么人、怎样培养人、为谁培养人是教育的根本问题。育人的根本在于立德。

所以，通过本课程的学习，学生要不仅要达到如下的知识、技能目标，还要在行为习惯、职业素养等达到相应要求。

序号	学习内容(知识、技能、行为习惯、职业素养等)	评价标准			
		了解知道	理解掌握	指导下操作	独立操作
1	电控点火系统类型		✓		
2	电控点火系统工作原理及控制原理		✓		
3	点火线圈的检修				✓
4	爆震传感器的检修				✓
5	曲轴位置传感器的检修				✓
6	凸轮轴位置传感器的检修				✓

任务 1　点火线圈的检修

三　维　目　标

知识与技能目标：

(1)能叙述点火系统的功用、类型；

(2)能在实车上指出电控点火系统主要部件的安装位置；

(3)会分析电控点火系统的工作原理；

(4)能叙述电控点火的主要控制内容；

(5)会分析点火线圈的控制电路和故障原因；

(6)会进行点火线圈的检修。

过程与方法目标：

(1)学习过程中养成服从指挥的习惯；

(2)养成工作前、工作中和工作后的5S的习惯。

情感态度价值观目标：

(1)学会与同学合作交流，在合作交流的过程中获益；

(2)养成爱岗敬业、团结协作的职业意识。

➡ 必备知识

一、点火系统简介

1. 点火系统功用及要求

(1)功用。

点火系将电源的低电压变成高电压(一般为 15～20 kV)，再按照发动机点火顺序轮流送至各气缸，点燃压缩混合气能适应发动机工况和使用条件的变化，自动调节点火时刻，实现可靠而准确的点火。

(2)点火系统的要求。

①提供足以击穿火花塞电极间隙的高电压。

②提供足够的火花能量与持续时间。

③提供适时的点火时刻。

2. 点火系统的类型

在现代汽车上采用的都是无分电器点火系统，按照高压配电方式不同又分为单火花点火线圈点火系统和双火花点火线圈点火系统，如图 3-1-1 所示。

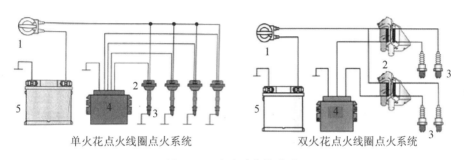

图 3-1-1　点火系统的类型

1. 点火开关　2. 点火线圈　3. 火花塞　4. 控制单元　5. 蓄电池

单火花点火线圈：每个气缸都有一个独立点火线圈对应着一个火花塞，ECM 根据各种输入信息按照规定顺序分别控制所有点火线圈的点火输出。

双火花点火线圈：每两个火花塞共用一个点火线圈，ECM 也是按照气缸工作顺序控制点火线圈为两个火花塞交替输出点火电压，这种点火方式只要一个点火线圈故障就会影响两个气缸的正常工作。因此，目前车辆上广泛使用的是单火花点火线圈点火系统。本章节仅对单火花点火线圈点火系统进行阐述。

3. 系统结构

图 3-1-2 为电控点火系统的结构组成，包括各种传感器、发动机控制单元（ECM）、点火线圈和火花塞。点火线圈直接与火花塞相连，一个点火线圈连接一个缸的火花塞，无高压分缸线，有些车型将点火模块（又叫点火器）集成到 ECM 中，ECM 控制点火顺序。

点火线圈是点火系统的主要部件之一，它是负责储存并转移点火能量和产生高压电的主要部件，其内部主要是带铁心的初级线圈绕组和次级线圈绕组，初级绕组为 100～400 匝，直径 0.4～0.6 mm 的粗铜丝，直接位于铁心上；次级绕组为 20 000～22 000 匝，直径 0.05～0.1 mm 的细铜丝。图 3-1-3 为点火线圈实物图。

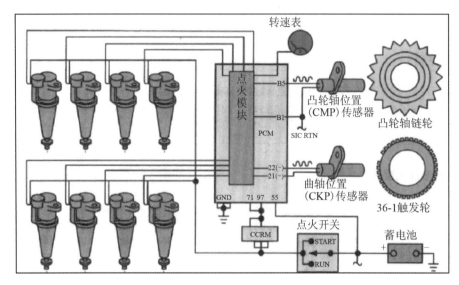

图 3-1-2　电控点火系统组成图

4. 点火线圈工作原理

点火线圈的工作原理可归纳为三步。

（1）初级线圈通电。

如图 3-1-4 所示，各种传感器把检测的信号传递给发动机控制单元 ECM，ECM 经过分析，该缸需要点火，则让施加在初级线圈上的电源电压搭铁，初级线圈通电有电流流过，初级线圈开始充电，初级线圈自感产生磁场，无次级高压电。

图 3-1-3　点火线圈实物图

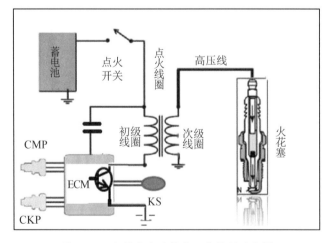

图 3-1-4　电控点火系统的工作原理示意图

(2)初级线圈断电，次级线圈产生高电压。

当该缸要点火时，ECU 经过分析、计算，得出最佳的点火提前角，控制初级线圈断电，初级线圈瞬间产生 200~400 V 反向感应电压，电压波形如图 3-1-5 所示。同时次级线圈互感产生高压电(点火击穿电压)，如图 3-1-6 所示。此时点火线圈就是一个变压器，点火击穿电压最高可达 20~40 kV。

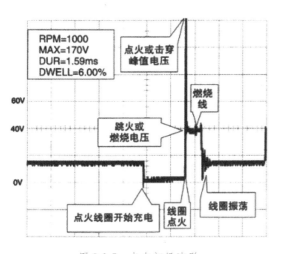

图 3-1-5 点火初级波形

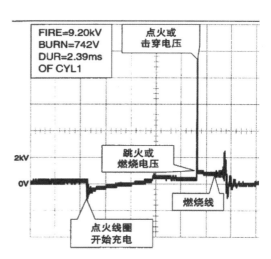

图 3-1-6 点火次级波形

(3)击穿火花塞间隙，点燃可燃混合气。

具体工作原理可归纳如下图 3-1-7 所示。

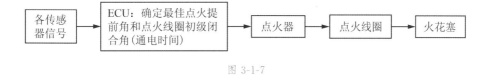

图 3-1-7

5. 系统特点

(1)在各种工况下，可自动获得最佳的点火提前角，使发动机的动力性、经济性、排放性及稳定性均处于最佳。

(2)在整个工作过程中，均可对点火线圈初级电路的通电时间和电流进行控制，不仅提高了点火的可靠性，而且可有效地减少电能消耗，防止点火线圈烧损。

(3)采用爆燃控制功能后，可使点火提前角控制在爆燃的临界状态，以此获得最佳的燃烧过程。

二、 电控点火系统的控制内容

电控点火系的控制包括点火提前角控制、初级电路闭合时间控制和爆震控制。

1. 点火提前角控制

从点火时刻起到活塞到达压缩上止点，这段时间内曲轴转过的角度称为点火提前角。

点火提前角过早（点火提前角过大）：爆震、发动机局部过热、燃料消耗增加、功率下降。

点火提前角过迟（过小）：燃烧时产生的最大压力下降，功率下降。

最佳的点火时机应该是将点火正时控制在爆震即将发生而还未发生的时刻。

（1）最佳点火提前角。

最佳点火提前角：保证动力性、经济性最佳，排放污染最小的点火提前角。

最佳点火提前角应使发动机气缸内的最高压力在上止点后 $10°\sim15°$，机械功（阴影）最多，如图 3-1-8 所示。

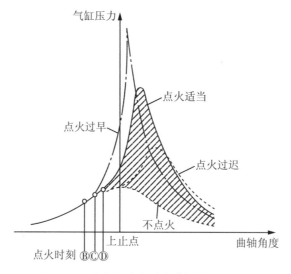

图 3-1-8 点火提前角对发动机性能的影响

（2）影响点火提前角的因素。

①发动机转速。

发动机转速提高，燃烧所占曲轴转角增大，点火提前角应增大，如图 3-1-9 所示。

②负荷（进气歧管绝对压力）。

负荷小，歧管真空度大，进气量减少，气缸内温度和压力降低，燃烧速度变慢。燃烧所占曲轴转角增大，点火提前角增大，如图 3-1-10 所示。

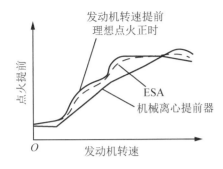

图 3-1-9　转速对点火提前角的影响

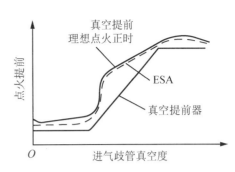

图 3-1-10　负荷对点火提前角的影响

③燃料的性质(辛烷值)。

汽车的辛烷值越高,抗爆性越好,点火提前角可适当增大;汽车的辛烷值越低,抗爆性越差,点火提前角应适当减小。

④其他因素。

汽车点火提前角还与燃烧室形状、燃烧室内温度、空燃比、大气压力、冷却水温度等因素有关。

在传统的点火系统中,当上述因素变化时,系统无法对点火提前角进行调整。当采用电控点火系统时,上述因素的变化可对点火提前角进行修正,保证提供较理想的点火提前角。

(3)点火提前角的控制。

点火提前角的控制分为起动时的点火提前角控制、起动后的点火提前角控制和点火提前角的修正三个阶段的控制。

①起动时的点火提前角控制。

起动时,转速较低,工况不稳定,将点火提前角固定为一个设定值。当发动机转速达到某一转速(如 400 r/min)时,转入其他控制方式。一般将点火时刻固定在设定的初始点火提前角,控制信号主要是 Ne 信号和 STA 信号。

②起动后的点火提前角控制。

实际点火提前角＝初始点火提前角＋基本点火提前角＋修正点火提前角

怠速时的基本点火提前角是根据发动机的怠速转速及空调是否工作而控制的,如图 3-1-11 所示。

正常运行时的基本点火提前角指节气门位置传感器的怠速触点打开时的基本点火提前角。当发动机正常工作时,发动机工作稳定,气缸燃烧充分,此时的基本点火提前角是根据转速和负荷的信息,通过查找储存在 MAP 图中的值来确定的,具体参照图 3-1-12。

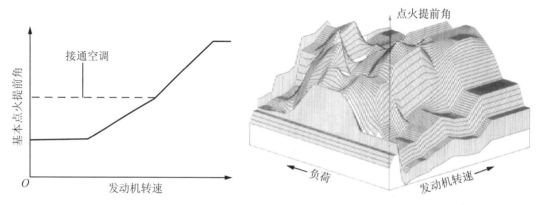

图 3-1-11　怠速时基本点火提前角的确定　　　图 3-1-12　正常运行时的基本点火提前角的确定

③点火提前角的修正

暖机修正：怠速，随着冷却液温度的升高，逐渐减小点火提前角，如图 3-1-13 所示。

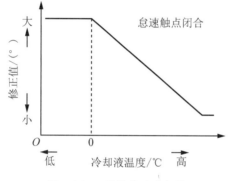

图 3-1-13　暖机修正示意图

怠速稳定修正：怠速，当发动机负载变化，引起发动机转速的波动，ECU 根据实际转速与目标转速的差值修正点火提前角，以稳定怠速，如图 3-1-14 所示。

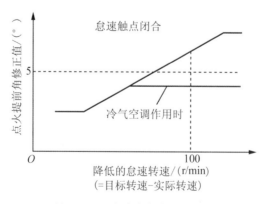

图 3-1-14　怠速稳定修正示意图

空燃比反馈修正：发动机电控单元根据氧传感器的信号修正喷油量，当喷油量减少导致混合气变稀时，应适当地增加点火提前角；反之，则减小点火提前角，如图 3-1-15 所示。

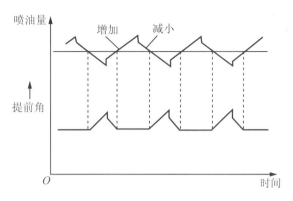

图 3-1-15　空燃比反馈修正

2. 初级电路闭合时间控制

初级电流过大，易烧坏点火线圈；初级电流过小，点火能量小。

初级电路闭合时间越长，初级断开电流越大，次级电压最大值越大，其控制模型如图 3-1-16 所示。

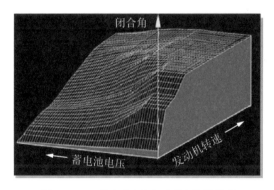

图 3-1-16　闭合角(通电时间)控制模型

3. 爆震控制

(1)爆震控制。

利用爆震传感器检测是否发生爆震，有爆震则推迟点火时刻，无爆震则提前点火时刻，使点火时刻在任何工况都保持最佳值，从而实现点火时刻闭环控制。

(2)爆震控制方法。

在爆震判定期内，检测到爆震就推迟点火提前角，直至爆震停止，又以一定角度递增提前角，直至再次爆震，控制方法如图 3-1-17 所示。

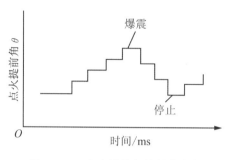

图 3-1-17　点火提前角的调整方式

三、 电控点火系统在实车上的应用（以雪佛兰 2013 款科鲁兹 LDE 发动机为例）

雪佛兰 2013 款科鲁兹 LDE 发动机上使用的是单火花点火线圈点火系统。

1. 实物及端子描述

实物及端子分别如图 3-1-18 和图 3-1-19 所示。

图 3-1-18　科鲁兹点火线圈实物

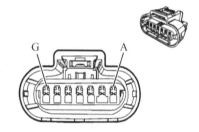

图 3-1-19　科鲁兹点火线圈线束端端子

2. 电路图描述

科鲁兹点火线圈电路图如图 3-1-20 所示。

3. 功能原理描述

发动机点火系统采用一个点火线圈模块。发动机控制模块使用来自曲轴位置（CKP）传感器、凸轮轴位置（CMP）传感器的信息，来控制点火事件的顺序及正时。

通过单独的点火线圈控制电路，控制每个气缸的点火事件。当发动机控制模块指令点火控制电路通电时，电流将流经点火线圈的初级绕组，形成一个磁场。当点火事件被请求时，发动机控制模块将指令点火控制电路断开，阻止电流流经初级绕组。由初级绕组形成的磁场穿过次级线圈绕组时减弱，产生一个穿过火花塞电极的高压。

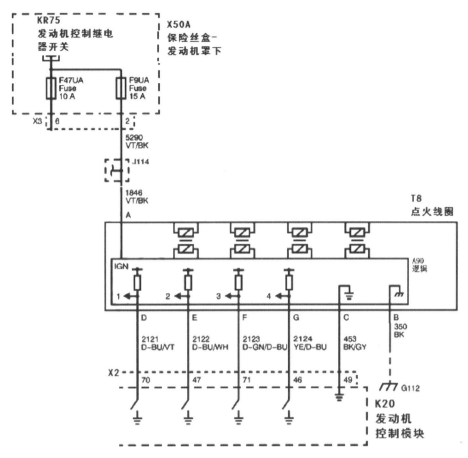

图 3-1-20　雪佛兰科鲁兹点火线圈系统电路图

A. 点火电压电路　B. 搭铁　C. 低电平参考电压电路　D、E、F、G.1-4 点火线圈控制电路

4. 实车数据测量（表 3-1-1）

表 3-1-1　实车数据测量

作业内容	图解	技术规范
1. 读取点火数据流		技术要求 1. 连接 KT600，打开点火开关 2. 按照 KT600 操作流程，起动车辆，读取相关数据流 3. 若有缸不点火则会在不点火计数器上显示

续表

作业内容	图解	技术规范
2. 测量点火线圈电源电压	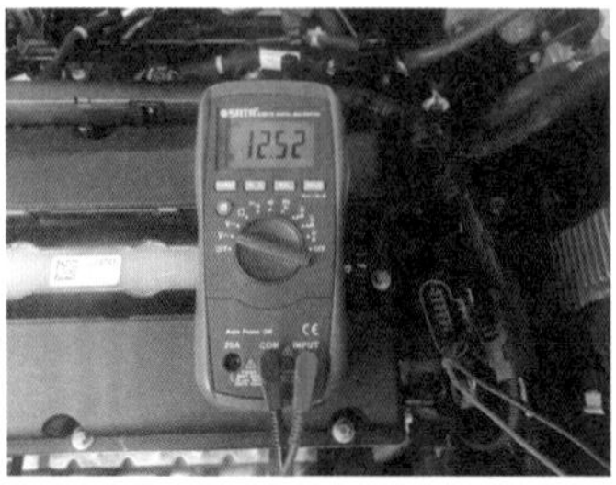	**技术要求** 1. 关闭点火开关，断开点火线圈 T8 的插头连接器 2. 采用 T 形线分别引出传感器 A 号与 B 号端子 3. 将点火开关置于 ON 位置 4. 根据下表中的值测量电压 | 检测仪连接	条件	标准值
A-B	点火开关 ON	车载电池电压	
3. 测量点火线圈初级线圈点火波形	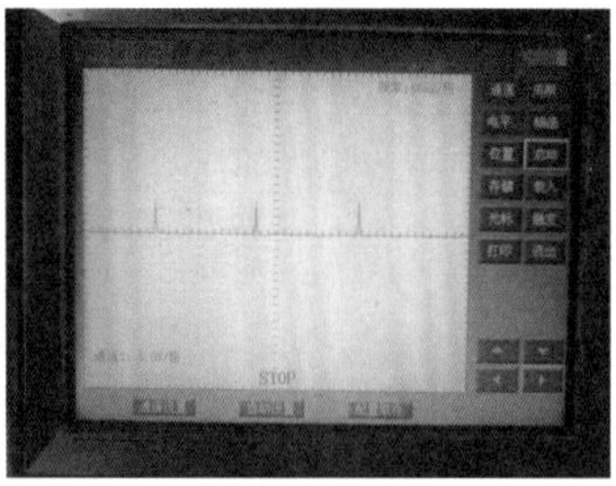	**技术要求** 1. 关闭点火开关，断开点火线圈线束连接器 2. 在本体与线束端连接 T 形线，保证元件正常工作 3. 进入诊断仪示波器测量功能，正极探针连接至端子 D（或 E 或 F 或 G），负极探针连接搭铁 4. 起动发动机根据下表中的值测量点火波形 | 检测仪连接	条件	标准值
D(E，F，G)-搭铁	急速，加速	参照左图 | 5. 观察不同工况下波形的改变

5. 故障诊断（表 3-1-2）

表 3-1-2　故障诊断

故障可以从以下方面察觉	故障原因	诊断方法
发动机停机 发动机抖动 发动机指示灯亮 存储故障码	插头连接 导线故障 点火线圈损坏 点火模块损坏 ECM 损坏	检查传感器导线、插头和电气接口是否正确连接、断裂和腐蚀 读取故障码存储器记录 检测导线 检查点火线圈模块是否损坏 检测点火线圈是否损坏 用示波器测量信号

→ 任务实施

1. 任务准备

(1)设备：每个工位雪佛兰 2013 款科鲁兹(LDE 发动机)实车一辆，车轮挡块、座椅三件套、翼子板护垫及前格栅布 1 套。

(2)工具：每个工位数字万用表 1 只，测试灯 1 只、诊断仪器 1 套，T 形线若干。

(3)辅助工具：抹布若干。

2. 实施步骤(表 3-1-3)

表 3-1-3 雪佛兰 2013 款科鲁兹(LDE 发动机)实车电路/系统测试具体检修流程

作业内容	图解	技术规范
1. 断开点火线圈 T8 的连接器	 连接器	技术要求 1. 一定要在点火开关关闭的情况下断开点火线圈连接器 2. 注意连接器断开的方法，一般都有锁止装置，拔下或按下锁扣后再将连接器拔下
2. 线路的断路检查(B-搭铁)		技术要求 1. 关闭点火开关 2. 数字万用表先校零，用 200 Ω 测量阻值 3. 标准电阻(断路检查) 检测仪连接 / 条件 / 规定状态 B-搭铁 / 始终 / 小于 5 Ω ≥5 Ω，转至步骤 3 <5 Ω，转至步骤 4 特别注意 1. 采用合适粗细的 T 形线端子 2. 用数字万用表测量阻值时，一定不允许带电操作 3. 车身金属部分均为搭铁点

作业内容	图解	技术规范
3. 端对端断路检查（B-G112）	搭铁点	**技术要求** 1. 关闭点火开关 2. 数字万用表先校零，用200 Ω测量阻值标准 3. 标准电阻（断路检查） 表见下 ≥2 Ω，则修理电路中的开路/电阻过大 <2 Ω，则修理搭铁连接中的开路/电阻过大故障 **特别提醒** G112搭铁点可参照部件定位图搭铁视图
4. 低电平的断路检查（C-搭铁）		**技术要求** 1. 关闭点火开关 2. 数字万用表先校零，用200 Ω测量阻值 3. 标准电阻（断路检查） 表见下 ≥5 Ω，转至步骤5 <5 Ω，转至步骤6 **特别提醒** 1. 采用合适粗细的T形线端子 2. 用数字万用表测量阻值时，一定不允许带电操作 3. 车身金属部分均为搭铁点
5. 端对端断路检查［C-49（X2）］		**技术要求** 1. 关闭点火开关，断蓄电池负极，断K20发动机控制模块的X2线束连接器 2. 数字万用表先校零，用200 Ω测量阻值标准 3. 标准电阻（断路检查） 表见下 ≥2 Ω，则修理电路中的开路/电阻过大 <2 Ω，更换K20发动机控制模块

作业内容3 技术规范表：

检测仪连接	条件	规定状态
B-G112	始终	小于2 Ω

作业内容4 技术规范表：

检测仪连接	条件	规定状态
C-搭铁	始终	小于5 Ω

作业内容5 技术规范表：

检测仪连接	条件	规定状态
C-49（X2）	始终	小于2 Ω

作业内容	图解	技术规范
6. 试灯测试（点火电压 A-搭铁）		**技术要求** 1. 试灯正负极分别连接点火电压 A 和搭铁端，检测应符合下列要求 表格见下 如果测试灯未点亮，且电路熔丝状态良好，转至步骤 7 如果测试灯未点亮，且电路熔丝状态损坏，转至步骤 8 如果测试灯亮，转至步骤 9
7. 端对端电阻检查（A-F9熔丝）		**技术要求** 1. 关闭点火开关 2. 数字万用表先校零，用 200 Ω 测量阻值标准 3. 标准电阻（断路检查） 表格见下 ≥2 Ω，则修理电路中的开路/电阻过大 <2 Ω，确认熔丝未断且熔丝处有电压 **特别提醒** 熔丝的位置在 X50 熔丝盒发动机罩下
8. 点火电压线路短路检查（A-搭铁）		**技术要求** 1. 关闭点火开关 2. 数字万用表先校零，用 200 Ω 测量阻值标准 3. 标准电阻 表格见下 ≠∞，则修理电路上的对搭铁短路故障 ＝∞，更换点火线圈模块 **特别提醒** 操作时拔掉 F9UA 熔丝，以防在测量时从 F9 处窜入其他的搭铁电路，引起测量值的不准

步骤6技术要求表格：

检测仪连接	条件	规定状态
试灯连接（A-车身搭铁）	点火开关 ON	亮

步骤7技术要求表格：

检测仪连接	条件	规定状态
A-F9	始终	小于 2 Ω

步骤8技术要求表格：

检测仪连接	条件	规定状态
A-搭铁	始终	∞

续表

作业内容	图解	技术规范
9. 点火控制信号的检查（点火线圈 D，E，F，G-搭铁）		**技术要求** 1. 断开相应的 Q17 喷油器处的线束连接器 2. 数字万用表应校零并置于直流赫兹档 3. 起动发动机 4. 标准值 <table><tr><td>检测仪连接</td><td>条件</td><td>规定状态</td></tr><tr><td>D（或 E 或 F 或 G）-车身搭铁</td><td>起动期间</td><td>大于 1.5 Hz</td></tr></table> 若＜1.5 Hz 转至步骤，转至步骤 10 若＞1.5 Hz 更换点火线圈模块
10. 点火控制电路短路检查（点火线圈 D，E，F，G-搭铁）		**技术要求** 1. 关闭点火开关 2. 断开蓄电池负极，断开 K20 发动机控制模块的 X2 线束连接器 3. 数字万用表先校零，用 200 Ω 测量阻值标准 4. 标准电阻 <table><tr><td>检测仪连接</td><td>条件</td><td>规定状态</td></tr><tr><td>D（或 E 或 F 或 G）-搭铁</td><td>始终</td><td>∞</td></tr></table> ≠∞，则修理电路上的对搭铁短路故障 ＝∞，转至步骤 11 **特别提醒** 禁止用手去触摸电控单元端子
11. 端对端断路检查[点火线圈 D-70，E-47，F-71，G-46(X2)]		**技术要求** 1. 关闭点火开关，断蓄电池负极，断 K20 发动机控制模块的 X2 线束连接器 2. 数字万用表先校零，用 200 Ω 测量阻值标准 3. 标准电阻（断路检查） <table><tr><td>检测仪连接</td><td>条件</td><td>规定状态</td></tr><tr><td>D-70(X2)</td><td>始终</td><td>小于 2 Ω</td></tr></table> ≥2 Ω，则修理电路中的开路/电阻过大 ＜2 Ω，转至步骤 12

作业内容	图解	技术规范
12. 控制电路的短路检查(点火线圈 D, E, F, G-搭铁)		技术要求 1. 关闭点火开关 2. 断开蓄电池负极,断开 K20 发动机控制模块的 X1 线束连接器 3. 点火开关置于 ON 4. 根据下表中的值用数字万用表直流 20 V 档测量电压 <table><tr><td>检测仪连接</td><td>条件</td><td>规定状态</td></tr><tr><td>D(或 E 或 F 或 G)-搭铁</td><td>ON</td><td>是否低于 1 V</td></tr></table> ≥1 V 或更高,则修理电路上的对电压短路故障 <1 V,则更换 K20 发动机控制模块
13. 修复后再次检查故障码和数据流,5S 工作		技术要求 设备和现场的整理工作

→ **工匠精神**

　　3. 精益。精益就是精益求精,是从业者对每件产品、每道工序都凝神聚力、精益求精、追求极致的职业品质。所谓精益求精,是指已经做得很好了,还要求做得更好,"即使做一颗螺丝钉也要做到最好"。正如老子所说,"天下大事,必作于细"。能基业长青的企业,无不是精益求精才获得成功的。

任务 2 爆震传感器的检修

知识与技能目标：

(1)了解发动机的燃烧过程，并能叙述爆燃的原因与对发动机的影响；

(2)能叙述爆震传感器的作用、分类并在实车上指出其安装位置；

(3)认识爆震传感器的结构；

(4)会分析爆震传感器的工作原理；

(5)会分析爆震传感器的控制电路和故障原因；

(6)会进行爆震传感器的检修。

过程与方法目标：

(1)学习过程中养成服从指挥的习惯；

(2)养成工作前、工作中和工作后的5S的习惯。

情感态度价值观目标：

(1)学会与同学合作交流，在合作交流的过程中获益；

(2)养成爱岗敬业、团结协作的职业意识。

⊙ 必备知识

一、 发动机燃烧过程

燃料在点燃式发动机中的燃烧过程分为正常燃烧和爆燃。燃料燃烧的程度直接影响到燃烧释放的热量和废气的成分，而燃烧时机又关系到热量的利用程度。所以燃烧过程最终会影响到动力性、经济性和排气污染，同时噪声、振动、起动性能和使用寿命也与燃烧过程有关。

1. 正常燃烧

点燃式发动机的正常燃烧过程从点火开始，火焰会平顺地传播到整个燃烧室。正常燃烧时火焰的传播速度在 $72 \sim 145$ km/h 之间变化，它受到空燃比、燃烧室形状以及燃烧温度的影响。

2. 爆燃

爆燃是汽油机工作时的一种不正常燃烧现象，如果燃油空气混合气除通过点火火花燃烧外还自行点燃且两个火焰前锋互相撞击，就会形成爆燃。低辛烷值燃油、高压缩比、燃烧室内有沉积物、满负荷和冷却不足时都会加剧爆燃趋势。

(1) 爆燃的原因。

爆燃的原因除了使用的燃料不正确外，主要原因还有：

①点火过早。

②混合气在缸内分布不均匀。

③积炭或冷却系统有故障，导致散热效果变差压缩比过高，例如，采用了较薄的气缸垫。

(2) 爆燃对发动机的影响。

爆燃会使发动机迅速升温，气缸内会发出特别尖锐的金属敲击声，发动机功率降低，耗油量增加。爆震并非仅仅有害。试验证明，发动机发出最大转矩的点火时刻是在开始产生爆震点火时刻的附近，发生轻微爆震时燃油利用率最佳。可通过爆燃控制避免爆燃，由爆震传感器检测爆燃强度，在产生爆震前，ECM 自动减少点火提前角，使点火时刻保持在爆震边界曲线的附近，提高发动机的功率，降低燃料的消耗。

二、爆燃控制（爆震控制）

通过安装在缸体上的爆燃传感器将发动机爆燃时产生的机械振动转换成交流电压信号，传输给 ECM，ECM 将此信号进分析处理，判断有无爆燃及爆燃强度，然后对点火提前角进行调节。有爆燃时，则逐渐减小点火提前角，直到爆燃消失；无爆燃时，则逐渐增大点火提前角，当再次出现爆燃时，ECM 又开始逐渐减小点火提前角，爆燃控制过程就是对点火提前角进行反复调整的闭环控制，如图 3-2-1 所示。

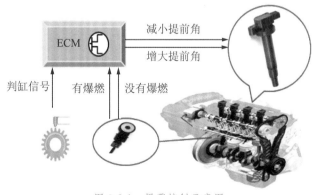

图 3-2-1　爆震控制示意图

三、 爆震传感器

1. 安装位置

以四缸机为例，发动机上装有一个或两个爆震传感器。装有两个爆震传感器的发动机，爆震传感器1用于一、二缸，安装在气缸体进气管侧一、二缸之间；爆震传感器2用于三、四缸，安装在气缸体进气管侧三、四缸之间。装有一个爆震传感器的发动机，爆震传感器位于二、三缸之间。实物及安装位置如图3-2-2所示。

图 3-2-2　爆震传感器实物及安装位置

2. 爆震传感器的结构及工作原理

（1）磁致伸缩式爆震传感器。

磁致伸缩式爆震传感器是最早使用的共振型爆震传感器，现代车辆上已经较少使用。

①结构：如图3-2-3所示，磁致伸缩式爆震传感器内部有永久磁铁、靠永久磁铁激磁的强磁性铁心以及铁心周围的线圈。

②工作原理：当发动机的气缸体出现振动时，该传感器在 7 kHz 左右处与发动机产生共振，强磁性材料铁心的磁导率发生变化，致使永久磁铁穿心的磁通密度也变化，从而在铁心周围的绕组中产生感应电动势，并将这一电信号输入 ECM。

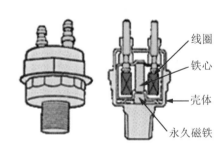

图 3-2-3　磁致伸缩式爆震传感器

（2）压电式爆震传感器。

压电式爆震传感器也属于共振型爆震传感器之一，在现代汽车上广泛使用。

①结构：压电式爆震传感器的结构如图3-2-4所示。这种传感器利用结晶或陶瓷多晶体的

压电效应工作，也有利用掺杂硅的压电电阻效应的。该传感器的外壳内装有压电元件、配重块及导线等。

②工作原理：当发动机的气缸体出现振动传递到传感器外壳上时，外壳与配重块之间产生相对运动，夹在这两者之间的压电元件所受的压力发生变化，引起压电元件内部电荷迁移，从而产生电压。由于电荷迁移方向随压电元件受力方向而变化，所以传感器传输给 ECM 的是交流信号，ECM 对此信号的振幅和频率进行分析处理，判断爆震强度。图 3-2-5 是爆震传感器传输给 ECM 有爆震和无爆震的信号。

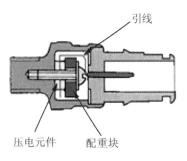

图 3-2-4　压电式爆震传感器

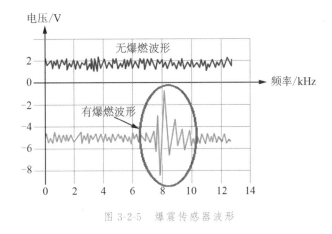

图 3-2-5　爆震传感器波形

四、 爆震传感器在实车上的应用（以雪佛兰 2013 款科鲁兹 LDE 发动机为例）

雪佛兰 2013 款科鲁兹 LDE 发动机使用的是压电式爆震传感器。

1. 安装位置

科鲁兹车上仅有一个爆震传感器，安装在进气歧管下方的缸体上，在车辆上可以通过拆下进气歧管总成或者举起车辆从发动机下方看到传感器，传感器本身是通过铆钉螺栓固定在缸体上的，通过线束引出，从下方看引出的线束插头在发电机的左边（详情参照实车数据测量图解）。

2. 实车端子及电路图描述（图 3-2-6 和图 3-2-7）

传感器本身两个端子，ECM 给信号电路 1 号端子提供 2.5～3.5 V 范围的电压，给低电平参考电压电路 2 号端子提供 1～2 V 范围的参考电压。

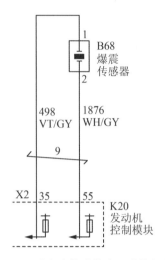

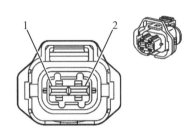

图 3-2-6　科鲁兹爆震传感器线束端端子　　　　图 3-2-7　科鲁兹爆震传感器系统电路图

3. 功能描述

（1）爆震传感器产生的交流（AC）电压信号随发动机运转时的振动程度而变化。发动机控制模块通过信号电路和低电平参考电压电路接收爆震传感器信号。

（2）发动机控制模块根据爆震传感器信号的振幅和频率调节点火正时。爆震传感器系统可使发动机控制模块（ECM）控制火花正时以尽可能获得最佳性能，同时保护发动机免受潜在的爆震损害。

（3）发动机控制模块读入怠速时的最小爆震传感器噪声级，并在其余的发动机转速范围内使用标定值。发动机控制模块将监测噪声信道内的正常爆震传感器信号。

4. 实车数据测量（表 3-2-1）

表 3-2-1　实车数据测量

作业内容	图解	技术规范
1. 爆震传感器数据流		**技术要求** 1. 连接 KT600，打开点火开关 2. 按照 KT600 操作流程，读取数据流 3. 起动发动机，急加速，观察爆震传感器相关数据流变化

续表

作业内容	图解	技术规范
2. 测量爆震传感器信号电压		**技术要求** 1. 关闭点火开关，断开爆震传感器插头连接器 2. 万用表校零，将万用表正极接端子1，负极接地 3. 将点火开关置于 ON 位置 4. 根据下表中的要求测量 | 检测仪连接	条件	标值值
1-搭铁	点火开关 ON	2.4~3.5 V | **安全提醒** 爆震传感器位置隐蔽，需要举升车辆，注意举升安全防护
3. 测量爆震传感器低电平参考电路电压		**技术要求** 1. 关闭点火开关，断开爆震传感器插头连接器 2. 将万用表正极接端子2，负极接地 3. 将点火开关置于 ON 位置 4. 根据下表中的要求测量 | 检测仪连接	条件	标准值
2-搭铁	点火开关 ON	1~2 V	

续表

作业内容	图解	技术规范
4. 测量爆震传感器信号波形	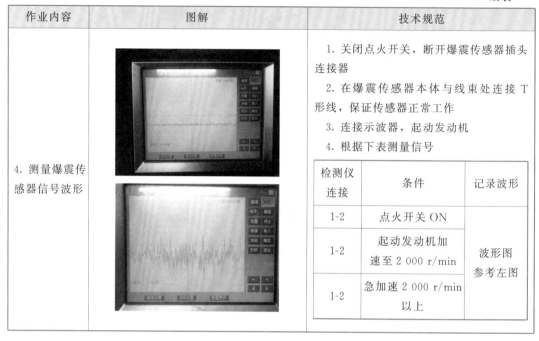	1. 关闭点火开关，断开爆震传感器插头连接器 2. 在爆震传感器本体与线束处连接 T 形线，保证传感器正常工作 3. 连接示波器，起动发动机 4. 根据下表测量信号

检测仪连接	条件	记录波形
1-2	点火开关 ON	波形图参考左图
1-2	起动发动机加速至 2 000 r/min	
1-2	急加速 2 000 r/min 以上	

5. 故障诊断(表 3-2-2)

表 3-2-2　故障诊断

故障可以从以下方面察觉	故障原因	诊断方法
发动机爆震 发动机怠速不稳 发动机功率限制 有故障记忆 发动机故障灯亮	传感器安装不到位 线束插头连接不牢 传感器损坏 线束故障 ECM 损坏	检查传感器是否损坏 检查传感器安装是否到位 检测线束 测量传感器信号

任务实施

1. 任务准备

(1)设备：雪佛兰 2013 款科鲁兹(LDE 发动机)实车，每个工位车轮挡块、车轮垫块、座椅三件套、翼子板护垫及前格栅布 1 套。

(2)工具：数字万用表、诊断仪、跨接线、3A 熔丝、T 形线若干。

(3)辅助工具：抹布若干。

2. 实施步骤（表 3-2-3）

表 3-2-3　雪佛兰 2013 款科鲁兹（LDE 发动机）实车电路/系统测试具体检修流程

作业内容	图解	技术规范
1. 爆震传感器 B74 的连接器		**技术要求** 1. 举升车辆 2. 一定要在点火开关关闭的情况下断开进气爆震传感器连接器 3. 注意连接器断开的方法，一般都有锁止装置，拔下或按下锁扣再将连接器拔下 **特别提醒** 1. 可能需要 2 min 才能让所有车辆系统断电 2. 一定要注意举升安全 3. 爆震传感器在机体上，位置比较隐蔽，不容易观察
2. 低电平线路的检查（2-搭铁）		**技术要求** 1. 数字万用表应校零 2. 测电压时，数字万用表选择直流 20 V 档位，正负极一定要与被测部件的正负极一致 3. 标准值 <table><tr><td>检测仪连接</td><td>条件</td><td>规定状态</td></tr><tr><td>2-车身搭铁</td><td>ON</td><td>1～2 V</td></tr></table> ≤1 V，转至步骤 3 ＞2 V，转至步骤 5 在 1～2 V 之间，转至步骤 6

续表

作业内容	图解	技术规范
3. 低电平线路对搭铁的短路检查（2-搭铁）		**技术要求** 1. 关闭点火开关 2. 断开蓄电池负极，断开 K20 发动机控制模块的 X2 线束连接器 3. 数字万用表先校零，用 200 Ω 测量阻值标准 4. 标准电阻 表见下 $\neq\infty$，则修理电路上的对搭铁短路故障 $=\infty$，转至步骤 4
4. 低电平线路端对端断路检查［2-55(X2)］		**技术要求** 1. 关闭点火开关，断蓄电池负极，断 K20 发动机控制模块的 X2 线束连接器 2. 数字万用表先校零，用 200 Ω 测量阻值标准 3. 标准电阻（断路检查） 表见下 $\geqslant 2\ \Omega$，则修理电路中的开路/电阻过大 $< 2\ \Omega$，更换 K20 发动机控制模块 **特别提醒** 1. 禁止用手去触摸电控单元端子 2. 注意 X2 的断开方法
5. 低电平线路对电压短路的检查（2-搭铁）		**技术要求** 1. 关闭点火开关 2. 断开蓄电池负极，断开 K20 发动机控制模块的 X2 线束连接器 3. 测电压时，数字万用表选择直流 20 V 档位，正负极一定要与被测部件的正负极一致 4. 标准值

作业内容 3 技术规范表：

检测仪连接	条件	规定状态
2-搭铁	始终	∞

作业内容 4 技术规范表：

检测仪连接	条件	规定状态
2-55(X2)	始终	小于 2 Ω

作业内容 5 技术规范表：

检测仪连接	条件	规定状态
2-车身搭铁	ON	小于 1 V

续表

作业内容	图解	技术规范
		≥1 V，则修理电路上的对电压短路故障 ＜1 V，更换 K20 发动机控制模块
6. 信号电压的检查(1-搭铁)		技术要求 1. 数字万用表应校零 2. 测电压时，数字万用表选择直流 20 V 档位，正负极一定要与被测部件的正负极一致 3. 标准值 | 检测仪连接	条件	规定状态
1-车身搭铁	ON	2.5～3.5 V 之间 | ≤2 V，转至步骤 7 ＞4 V，转至步骤 9 在 2.5～3.5 V 之间，测试或更换爆震传感器
7. 信号线路对搭铁的短路检查(1-搭铁)		技术要求 1. 关闭点火开关 2. 断开蓄电池负极，断开 K20 发动机控制模块的 X2 线束连接器 3. 数字万用表先校零，用 200 Ω 测量阻值标准 4. 标准电阻 | 检测仪连接	条件	规定状态
1-搭铁	始终	∞ | ≠∞，则修理电路上的对搭铁短路故障 =∞，转至步骤 8
8. 信号线路端对端的断路检查[1-35(X2)]		技术要求 1. 关闭点火开关，断开蓄电池负极，断开 K20 发动机控制模块的 X2 线束连接器 2. 数字万用表先校零，用 200 Ω 测量阻值标准 3. 标准电阻(断路检查)

作业内容	图解	技术规范

第一行技术规范：

检测仪连接	条件	规定状态
1-35（X2）	始终	小于 2 Ω

≥2 Ω，则修理电路中的开路/电阻过大

<2 Ω，更换 K20 发动机控制模块

检测提解

1. 禁止用手去触摸电控单元端子
2. 注意 X2 的断开方法

9. 信号线路对电压短路的检查（1-搭铁）

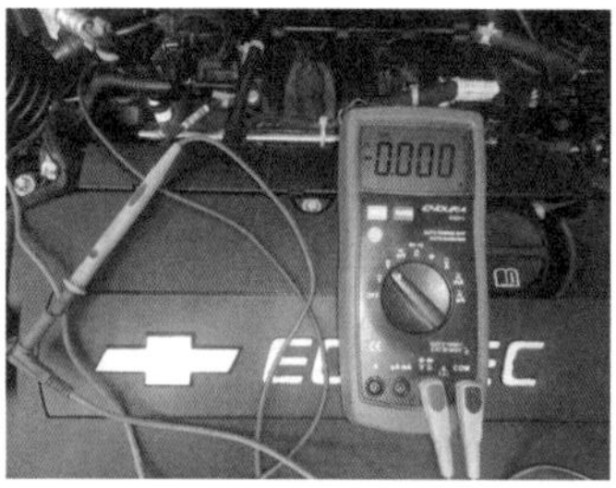

技术要求

1. 关闭点火开关
2. 断开蓄电池负极，断开 K20 发动机控制模块的 X2 线束连接器
3. 测电压时，数字万用表选择直流 20 V 档位，正负极一定要与被测部件的正负极一致
4. 标准值

检测仪连接	条件	规定状态
1-车身搭铁	ON	小于 1 V

≥1 V，则修理电路上的对电压短路故障

<1 V，更换 K20 发动机控制模块

10. 修复后再次检查故障码和数据流，5S 工作

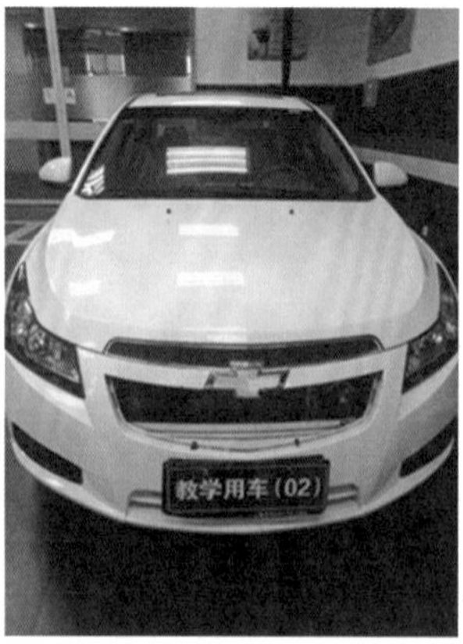

技术要求

设备和现场的整理工作

任务 3　曲轴位置传感器的检修

三维目标

知识与技能目标：

(1)能叙述曲轴位置传感器的作用、类型并在实车上指出其安装位置；

(2)会结合曲轴位置传感器的波形分析工作原理；

(3)会分析曲轴位置传感器的控制电路和故障原因；

(4)会对发动机曲轴位置传感器进行检修。

过程与方法目标：

(1)学习过程中养成服从指挥的习惯；

(2)养成工作前、工作中和工作后的 5S 的习惯。

情感态度价值观目标：

(1)学会与同学合作交流，在合作交流的过程中获益；

(2)养成爱岗敬业、团结协作的职业意识。

→ 必备知识 ●

一、曲轴位置传感器简介

曲轴位置传感器(CKP)又称为发动机转速传感器，其作用是采集曲轴转角和发动机转速，并输入到发动机控制模块 ECM，作为点火控制和喷油控制的主要参数之一。ECM 还可以通过监测到的传感器信号波动的大小来判断发动机是否失火。曲轴位置传感器一般安装在曲轴前端、中部或者变速器壳体靠近飞轮的位置，如图 3-3-1 所示。曲轴传感器一般分为电磁感应式、霍尔式、磁阻式和光电式。目前车辆上运用最为广泛的曲轴位置传感器类型是霍尔式和磁阻式两种。

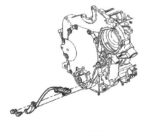
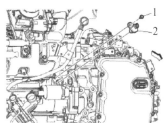

前部　　　　　　　　中部　　　　　　　　飞轮部

图 3-3-1　曲轴位置传感器安装位置

二、 电磁感应式曲轴位置传感器

电磁感应式曲轴位置传感器最早应用于汽车发动机上，属于第一代曲轴位置传感器，目前生产的汽车上已经较少使用了。

1. 结构

电磁感应式曲轴位置传感器主要由导磁材料制成的信号齿圈（或变磁阻环）、永久磁铁、信号盘、软铁心、线圈和曲轴传感器壳体组成，如图 3-3-2 所示。磁电式曲轴位置传感器有二线式和三线式两种类型，二线式的两根线为信号回路线，三线式与两线式的主要区别是多了一根抗干扰屏蔽线。

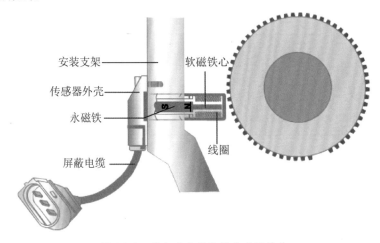

安装支架
软磁铁心
传感器外壳
永磁铁
线圈
屏蔽电缆

图 3-3-2 磁电式曲轴位置传感器结构

2. 工作原理

当曲轴转动时，齿圈也随之转动，凸齿不断地靠近远离曲轴位置传感器内部的软铁心，从而在线圈中产生感应交流电动势。具体过程如下：

(1)当信号齿圈凸齿靠近传感器时，软铁心与齿间隙逐渐缩小，软铁心中的磁场便开始出现集中现象，磁场强度增大，线圈的磁通量逐渐增大，且磁通量变化率也逐渐增大，因此产生一个逐渐增大的正的感应电动势，磁通量变化越大，则感应出的电压也越高，如图 3-3-3a 所示。

(2)当凸齿继续靠近软铁心时，线圈的磁通量仍在增大，但磁通量的变化率则在减小此产生一个正的逐渐减小的感应电动势。当信号齿圈凸齿与铁心对齐成一条直线时，铁心与凸齿间隙最小，磁场强度最强，线圈的磁通量最大，但在该点磁场强度没有变化，磁变化率为0，所以感应电压为 0 V，如图 3-3-3b 所示。

（3）信号齿圈继续转动，凸齿远离软铁心准备离开传感器时，二者间隙逐步变大，软铁心中的磁场减弱，线圈的磁通量逐渐减小，但磁通量的变化率逐渐增大，所以产生一个负值逐渐增大的感应电动势。当凸齿继续转动离开软铁心时，线圈的磁通量继续减小，量的变化率也逐渐减小，因此产生一个负的绝对值逐渐减小直至为 0 的感应电动势，如图 3-3-3c 所示。

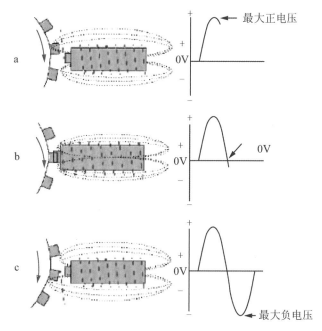

图 3-3-3 曲轴位置传感器原理图

如果信号齿圈有 58 个凸齿，每个凸齿按 6°间隔分布。2 个缺失的磁极被用作基准标记。当每个凸齿转过曲轴位置传感器时，曲轴位置传感器都会产生一个交流信号，曲轴每转一圈会输出 58 个脉冲，当齿圈基准标记转过曲轴位置传感器时，交流信号的周期会增大，其信号波形如图 3-3-4 所示。ECM 根据曲轴位置传感器的信号计算发动机转速，并根据基准标记对应的交流信号计算曲轴位置，然后确定最佳的点火和喷油时刻。

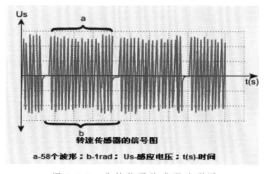

图 3-3-4 曲轴位置传感器波形图

综上所述，电磁感应式曲轴位置传感器是将相对运动转换成感应电动势输出的传感器，它不需要辅助电源，就能把被测对象的机械运动转换成易于测量的交流信号，且交流信号的频率取决于发动机转速。

3. 特点

(1)结构简单、成本低、不怕泥污。

(2)频率响应不高。当车速过高时，传感器的频率响应跟不上，容易产生错误信号。

(3)抗电磁波干扰能力差，尤其是输出信号振幅值较小时。

三、 霍尔式曲轴位置传感器

霍尔式曲轴位置传感器利用霍尔效应检测曲轴位置和发动机转速。霍尔效应工作原理如图 3-3-5 所示，当电流 I_s 垂直于外磁场通过霍尔元件时，电荷在洛仑兹力作用下向一侧偏移，在垂直于电流和磁场的霍尔元件的横向侧面上产生一个电压，称为霍尔电压 U_H，U_H 与电流 I_s 和磁场度 B 成正比。霍尔电压的计算公式如下：

$$U_H = R_H \frac{I_s B}{d}$$

其中，R_H 为霍尔系数，d 为霍尔元件厚度，I_s 为电流强度，B 为磁场强度。

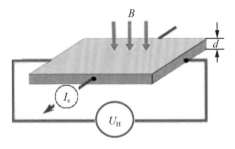

图 3-3-5 霍尔效应原理图

1. 结构

霍尔式曲轴位置传感器由霍尔元件、永久磁铁和电子分析电路组成，外部还需要一个与曲轴相连的信号齿圈(多级脉冲信号齿)，如图 3-3-6 所示。

2. 工作原理

图 3-3-6 和图 3-3-7 是霍尔式曲轴位置传感器结构示意图和原理图。

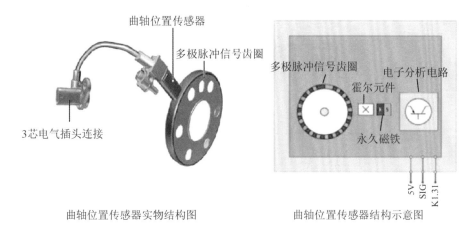

多极脉冲信号齿圈

电子分析电路

曲轴位置传感器

霍尔元件

3芯电气插头连接

永久磁铁

曲轴位置传感器实物结构图

曲轴位置传感器结构示意图

图 3-3-6 霍尔式曲轴位置传感器结构示意图

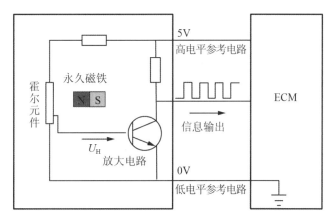

图 3-3-7 霍尔式曲轴位置传感器原理图

ECM 给霍尔元件提供 5 V 电源电压，传感器内部的永久磁铁提供垂直于电源电流方向的磁场，按照霍尔效应原理，在霍尔元件垂直于磁场和电源电流方向上就会产生霍尔电压 U_H，当曲轴带动信号齿圈转动时，霍尔元件所处的由永久磁铁提供的磁场强度 B 就会出现强弱交替变化，因此根据霍尔效应计算公式，多极脉冲信号齿圈每转过一个齿，霍尔元件就会输出一个毫伏级的正弦波信号，其波形如图 3-3-8 所示。

电子电路中的放大电路就将这个信号转换成频率与曲轴转速相对应的脉冲方波电压信号输出给 ECM。齿圈信号盘通常有 58 个齿，与磁电式曲轴传感器一样，信号齿圈通常有两个缺齿作为基准标记。所以曲轴转过一周，霍尔传感器就会向 ECM 输出 58 个脉冲方波信号和 1 个两缺齿宽的脉冲方波信号，如图 3-3-7 所示，ECM 据此信号来判断曲轴位置。霍尔式曲轴位置传感器通常有三个接线端子，分别是 5 V 高电平参考电路、低电平参考电路和信号输出端子。

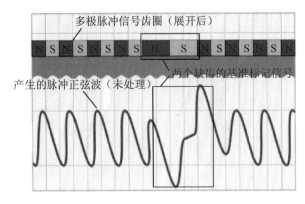

图 3-3-8　霍尔式曲轴位置传感器波形图（未经过电子分析电路处理）

3. 特点

霍尔式轮速传感器具有如下特点。

（1）输出信号电压振幅值不受转速的影响。

（2）频率响应高。

（3）抗电磁波干扰能力强。

四、 磁阻式曲轴位置传感器

磁阻式曲轴位置传感器利用磁阻效应来检测曲轴位置和发动机转速。磁阻效应是指半导体材料的电阻值随磁场强度变化的规律，磁场增大，电阻增大，磁场减小，电阻减小，实现磁和电，电和电阻的转换。利用磁阻效应制成的磁敏电阻元件称为磁阻元件，简称 MRE。

1. 结构

磁阻式曲轴位置传感器由多极磁环（或变磁阻转子）、MRE 元件和电子集成电路组成。MRE 是接入到测量电桥的一个桥臂，如图 3-3-9 所示。

2. 工作原理

当多极磁环随曲轴转动时，MRE 元件的磁通量呈周期性变化，磁阻元件 MRE 的电阻随之变化，使原本处于平衡状态的测量电桥失去平衡，继而测量电桥就会向电子集成电路输入电压，电子集成电路将这一信号处理放大成脉冲方波电压信号输出，信号波形如图 3-3-10 所示。

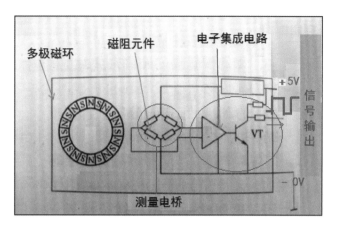

图 3-3-9　磁阻式曲轴位置传感器结构示意图

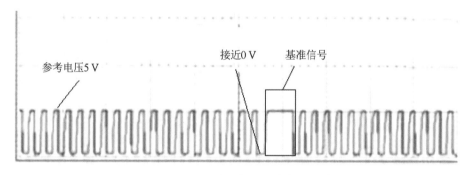

图 3-3-10　磁阻式曲轴位置传感器波形图

　　磁阻式曲轴位置传感器通常有三个接线端子，分别是 5 V 高电平参考电路、低电平参考电路和信号输出端子。当多极磁环上的每个磁极转过曲轴位置传感器时，会向 ECM 发送方波信号，方波信号的频率也取决于曲轴的转速。ECM 使用曲轴位置传感器信号脉冲以确定发动机转速，并对曲轴多极磁环的基准标记进行解码，以识别曲轴位置。

3. 特点

　　磁阻式曲轴位置传感器具有测量范围宽，灵敏度高，抗干扰能力强，对轴向振动不敏感的优点，但结构相对复杂，成本较高。

五、　曲轴位置传感器在典型车辆上的应用（以雪佛兰科鲁兹为例）

　　雪佛兰科鲁兹发动机上用的是磁阻式曲轴位置传感器。

1. 实车端子及电路图描述

（1）端子：如图 3-3-11 所示，科鲁兹发动机的曲轴位置传感器有三个端子。

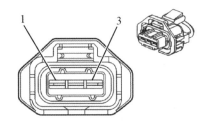

图 3-3-11　科鲁兹曲轴位置传感器线束端端子

（2）实车电路图（图 3-3-12）。

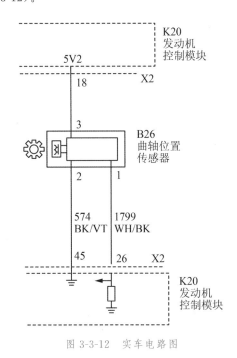

图 3-3-12　实车电路图

1. 传感器输出给 ECM 的信号电压　2. 低电平参考电压电路（搭铁电路）　3. 5 V 参考电压电路

2. 功能原理描述

科鲁兹发动机的曲轴位置传感器检测曲轴信号盘上 58 齿磁阻轮的齿槽磁通量变化，磁阻轮上的每个齿按 60 齿间隔分布，缺失的 2 个齿用作参考间隙。曲轴位置传感器产生一个变频的开/关直流电压，曲轴每转动一圈输出 58 个脉冲。曲轴位置传感器输出信号的频率取决于曲轴的转速。当曲轴磁阻轮上的每个齿转过曲轴位置传感器时，曲轴位置传感器向发动机控制模块发送一个数字信号。发动机控制模块使用每个曲轴位置信号脉冲以确定曲轴转速，并对磁阻轮参考间隙进行解码，以识别曲轴位置。然后，此信息被用来确定发动机的最佳点火和喷油时刻。发动机控制模块还利用曲轴位置传感器输出信息来确定凸轮轴相对于曲轴的位置，以控制凸轮轴相位和检测气缸缺火。

3. 实车数据测量（表 3-3-1）

表 3-3-1　实车数据测量

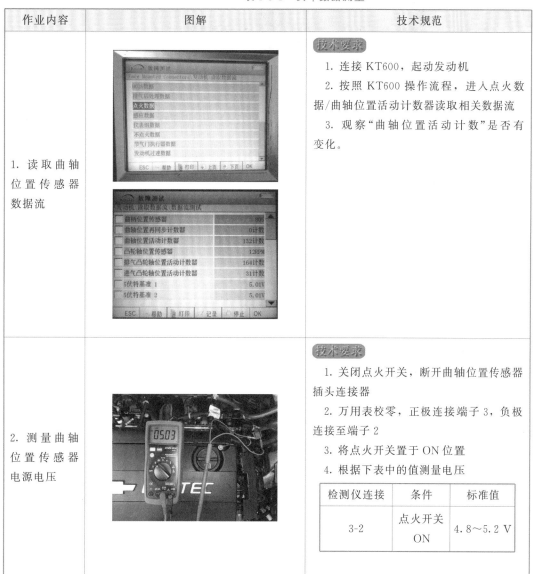

作业内容	图解	技术规范
1. 读取曲轴位置传感器数据流		**技术要求** 1. 连接 KT600，起动发动机 2. 按照 KT600 操作流程，进入点火数据/曲轴位置活动计数器读取相关数据流 3. 观察"曲轴位置活动计数"是否有变化。
2. 测量曲轴位置传感器电源电压		**技术要求** 1. 关闭点火开关，断开曲轴位置传感器插头连接器 2. 万用表校零，正极连接端子 3，负极连接至端子 2 3. 将点火开关置于 ON 位置 4. 根据下表中的值测量电压

检测仪连接	条件	标准值
3-2	点火开关 ON	4.8～5.2 V

续表

作业内容	图解	技术规范
3. 测量曲轴位置传感器输出波形	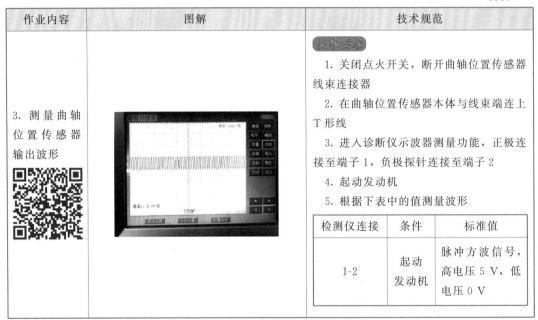	技术要求 1. 关闭点火开关，断开曲轴位置传感器线束连接器 2. 在曲轴位置传感器本体与线束端连上T形线 3. 进入诊断仪示波器测量功能，正极连接至端子1，负极探针连接至端子2 4. 起动发动机 5. 根据下表中的值测量波形

检测仪连接	条件	标准值
1-2	起动发动机	脉冲方波信号，高电压5 V，低电压0 V

4. 故障诊断(表 3-3-2)

表 3-3-2　故障诊断

故障可以从以下方面察觉	故障原因	诊断方法
发动机起动不畅 发动机无法起动 发动机熄火 仪表发动机故障灯亮 有故障码记忆	触点问题 传感器损坏 导线故障 金属屑污染 脉冲信号轮机械损坏 ECM损坏	检查传感器导线、插头是否正确连接、断裂和腐蚀 读取故障码存储器记录 检测传感器是否损坏 用示波器测量信号 检测导线

→ **任务实施**

1. **任务准备**

(1)设备：每个工位雪佛兰2013款科鲁兹(LDE发动机)实车一辆，车轮挡块、座椅三件套、翼子板护垫及前格栅布1套。

(2)工具：数字万用表，诊断仪，带3 A熔丝跨接线，T形线若干。

(3)辅助工具：抹布若干。

2. 实施步骤(表 3-3-3)

表 3-3-3　雪佛兰 2013 款科鲁兹(LDE 发动机)实车电路/系统测试具体检修流程

作业内容	图解	技术规范
1. 断开曲轴位置传感器 B26 的连接器		**技术要求** 　1. 一定要在点火开关关闭的情况下断开曲轴位置传感器连接器 　2. 注意连接器断开的方法,一般都有锁止装置,拔下或按下锁扣再将连接器拔下 **特别提醒** 　可能需要 2 min 才能让所有车辆系统断电
2. 低电平线路的断路检查(2-搭铁)		**技术要求** 　1. 关闭点火开关 　2. 数字万用表先校零,用 200 Ω 测量阻值标准 　3. 标准电阻(断路检查) 表格: <table><tr><td>检测仪连接</td><td>条件</td><td>标准值</td></tr><tr><td>2-搭铁</td><td>始终</td><td>小于 5 Ω</td></tr></table> ≥5 Ω,转至步骤 3 <5 Ω,转至步骤 4 **特别提醒** 　1. 采用合适粗细的 T 形线端子 　2. 用数字万用表测量阻值时,一定不允许带电操作 　3. 车身金属部分均为搭铁点
3. 低电平线路端对端断路检查[2-45(X2)]		**技术要求** 　1. 关闭点火开关,断开蓄电池负极,断开 K20 发动机控制模块的 X2 线束连接器 　2. 数字万用表先校零,用 200 Ω 测量阻值标准 　3. 标准电阻(断路检查) 表格: <table><tr><td>检测仪连接</td><td>条件</td><td>规定状态</td></tr><tr><td>2-45(X2)</td><td>始终</td><td>小于 2 Ω</td></tr></table>

续表

作业内容	图解	技术规范
		≥2 Ω，则修理电路中的开路/电阻过大 ＜2 Ω，更换 K20 发动机控制模块 **检测提醒** 1. 禁止用手去触摸电控单元端子 2. 注意 X2 的断开方法
4.5 V 参考电压的检查（3-搭铁）		**技术要求** 1. 数字万用表应校零 2. 测电压时，数字万用表选择直流 20 V 档位，正负极一定要与被测部件的正负极一致 3. 标准值 | 检测仪连接	条件	标准值
3-车身搭铁	ON	4.8～5.2 V | 若＜4.8 V，转至步骤 5 若＞5.2 V，转至步骤 7 若在 4.8～5.2 V 之间，转至步骤 8
5.5 V 参考电压端对搭铁的短路检查（3-搭铁）		**技术要求** 1. 关闭点火开关 2. 断开蓄电池负极，断开 K20 发动机控制模块的 X2 线束连接器 3. 数字万用表先校零，用 200 Ω 测量阻值标准 4. 标准电阻 | 检测仪连接	条件	规定状态
3-搭铁	始终	∞ | ≠∞，则修理电路上的对搭铁短路故障 ＝∞，转至步骤 6
6.5 V 参考电压端对端断路检查（3-18（X2））		**技术要求** 1. 关闭点火开关，断蓄电池负极，断 K20 发动机控制模块的 X2 线束连接器 2. 数字万用表先校零，用 200 Ω 测量阻值标准 3. 标准电阻（断路检查）

续表

作业内容	图解	技术规范
		<table><tr><td>检测仪连接</td><td>条件</td><td>规定状态</td></tr><tr><td>3-18(X2)</td><td>始终</td><td>小于2 Ω</td></tr></table> ≥2 Ω，则修理电路中的开路/电阻过大 <2 Ω，更换K20发动机控制模块
7.5 V参考电压端对电压短路的检查（3-搭铁）		**技术要求** 1. 关闭点火开关 2. 断开蓄电池负极，断开K20发动机控制模块的X2线束连接器 3. 测电压时，数字万用表选择直流20 V档位，正负极一定要与被测部件的正负极一致 4. 标准值 <table><tr><td>检测仪连接</td><td>条件</td><td>规定状态</td></tr><tr><td>3-车身搭铁</td><td>ON</td><td>小于1 V</td></tr></table> ≥1 V，则修理电路上的对电压短路故障 <1 V，更换K20发动机控制模块
8. 信号电压的检查（1-搭铁）		**技术要求** 1. 数字万用表应校零 2. 测电压时，数字万用表选择直流20 V档位，正负极一定要与被测部件的正负极一致 3. 标准值 <table><tr><td>检测仪连接</td><td>条件</td><td>规定状态</td></tr><tr><td>1-车身搭铁</td><td>ON</td><td>4.8～5.2 V</td></tr></table> 若<4.8 V，转至步骤9 若>5.2 V，转至步骤11 若在4.8～5.2 V之间，转至步骤12

续表

作业内容	图解	技术规范
9. 信号电路端对搭铁的短路检查（1-搭铁）		**技术要求** 1. 关闭点火开关 2. 断开蓄电池负极，断开 K20 发动机控制模块的 X2 线束连接器 3. 数字万用表先校零，用 200 Ω 测量阻值标准 4. 标准电阻 表格见下 ≠∞，则修理电路上的对搭铁短路故障 ＝∞，转至步骤 10
10. 信号电路端对端的断路检查［1-26（X2）］		**技术要求** 1. 关闭点火开关，断蓄电池负极，断 K20 发动机控制模块的 X2 线束连接器 2. 数字万用表先校零，用 200 Ω 测量阻值标准 3. 标准电阻（断路检查） 表格见下 ≥2 Ω，则修理电路中的开路/电阻过大 <2 Ω，更换 K20 发动机控制模块
11. 信号电压端对电压短路的检查（1-搭铁）		**技术要求** 1. 关闭点火开关 2. 断开蓄电池负极，断开 K20 发动机控制模块的 X2 线束连接器 3. 点火开关置于 ON 4. 根据下表中的值用数字万用表直流 20 V 档测量电压 表格见下 ≥1 V，则修理电路上的对电压短路故障 <1 V，则更换 K20 发动机控制模块

步骤 9 表格：

检测仪连接	条件	规定状态
1-搭铁	始终	∞

步骤 10 表格：

检测仪连接	条件	规定状态
1-26（X2）	始终	小于 2 Ω

步骤 11 表格：

检测仪连接	条件	规定状态
1-搭铁	ON	是否低于 1 V

作业内容	图解	技术规范
12. 执行人为动作测试，读取数据流		**技术要求** 　1. 关闭点火开关，断开传感器插头 　2. 将一条带 3A 熔丝跨接线一端连接到传感器插头端子 1 　3. 连接诊断仪，打开点火开关，依次进入读取数据流/点火数据界面 　4. 将带熔丝的跨接线另一端重复碰触搭铁，注意观察诊断仪"曲轴位置传感器活动计数器"参数增加 　5. 若计数不增加，则更换 K20 发动机控制模块
13. 修复后再次检查故障码和数据流，5S 工作		**技术要求** 设备和现场的整理工作

 任务 4 凸轮轴位置传感器的检修

➔ 必备知识 ●

一、 凸轮轴位置传感器简介

1. 作用

凸轮轴位置传感器（CMP）主要是用来检测凸轮轴位置和转角信息的，并传输给 ECM，ECM 结合曲轴位置传感器的信号来识别第一缸压缩上止点位置，并根据点火顺序，相应确定喷油顺序，同时对各缸进行爆震控制。如果凸轮轴位置发生故障，爆震控制关闭，点火提前角稍微推迟，避免产生爆震。在发动机起动时，凸轮轴传感器信号还用于确定首次点火

2. 类型和安装位置

凸轮轴位置传感器可分为磁电式、磁阻式和霍尔式三大类。凸轮轴位置传感器所采用的结构和安装位置随车型不同而异，带可调气门正时装置的霍尔式凸轮轴位置传感器安装在发动机室盖后部，凸轮轴的端面。图 3-4-1 为凸轮轴位置传感器的实物图和安装位置图。

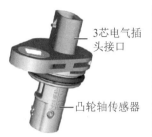

图 3-4-1　凸轮轴位置传感器的实物图及安装位置

3. 结构和工作原理

　　目前，应用最多的是霍尔式，其工作原理都和霍尔式曲轴位置传感器的基本相同。其他类型的凸轮轴位置传感器不做赘述。图 3-4-2 为霍尔式进气凸轮轴位置传感器内部结构示意图，由信号转子、霍尔元件和电子分析电路所组成。

　　凸轮轴位置传感器的信号转子功能类似于曲轴位置传感器的多极脉冲信号齿圈，但结构形式不同，它的信号转子一般共有 4 个宽度不一的齿面。同样利用霍尔效应，当凸轮轴带动信号转子转动一圈，就会产生 4 个宽度不一的脉冲信号输送给电子分析电路，电子分析电路将其分析处理成脉冲方波信号输出到 ECM。如图 3-4-2 所示的方波脉冲信号。

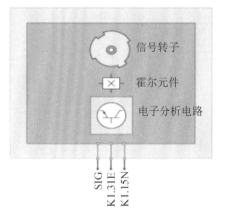
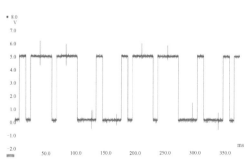

图 3-4-2　凸轮轴位置传感器结构和波形图

二、 凸轮轴位置传感器在典型车辆上的应用（以雪佛兰科鲁兹 2013 款 LDE 为例）

　　在雪佛莱科鲁兹发动机上用的是霍尔式的凸轮轴位置传感器。

1. 实物图和安装位置（图 3-4-3）

图 3-4-3　科鲁兹凸轮轴实物及安装位置

该车型的凸轮轴位置传感器安装在气门室盖后部，传感器头部对应凸轮轴尾部的信号转子。进气和排气凸轮轴各有一个位置传感器。

2. 实车端子及电路图描述

（1）端子：如图 3-4-4 所示，科鲁兹凸轮轴位置传感器有 3 个端子。

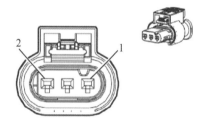

图 3-4-4　科鲁兹凸轮轴位置传感器线束端端子

（2）实车电路图（以进气凸轮轴为例）。

如图 3-4-5 所示，科鲁兹凸轮轴位置传感器实车电路图。

每个凸轮轴位置传感器有 3 条电路，由一个发动机控制模块（ECM）提供电压的 5 V 参考电压电路、低电平参考电压电路以及一个输出信号电路组成。1 号端子：5 V 电源电压；2 号端子：低电平参考电压电路（搭铁）；3 号端子：信号电压。

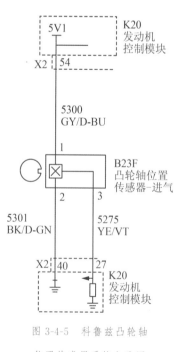

图 3-4-5　科鲁兹凸轮轴位置传感器系统电路图

3. 功能原理描述

（1）功能：检测凸轮轴位置和转角，确定一缸活塞的压缩上止点；监控可变气门正时（VVT）系统的进排气凸轮轴是否达到预定位置。

（2）原理：该车型的凸轮轴位置传感器是一种内部磁性偏差数字输出集成电路传感装置。该传感器检测凸轮轴上4齿磁阻轮的齿槽磁通量变化。当磁阻轮的各个齿转过凸轮轴位置传感器时，传感器电子装置会利用引起的磁场变化产生4个数字输出脉冲。传感器返回一个频率变化的数字开/关直流电压脉冲，凸轮轴每转一圈就有4个不同宽度输出脉冲，代表着凸轮轴磁阻轮的径向。凸轮轴位置传感器输出信号的频率取决于凸轮轴的转速。发动机控制模块对窄齿和宽齿模式进行解码，以识别凸轮轴位置。然后，此信息被用来确定发动机的最佳点火和喷油时刻。发动机控制模块使用气缸1进气凸轮轴位置传感器确认喷射器和点火系统同步。气缸I进气凸轮轴位置传感器还可用来确认凸轮轴和曲轴的相关性。发动机控制模块还利用凸轮轴位置传感器输出信息来确定凸轮轴相对于曲轴的位置，以控制凸轮轴相位和在应急操纵模式下运行。

4. 实车数据测量（表 3-4-1）

表 3-4-1　实车数据测量

作业内容	图解	技术规范
1. 读取凸轮轴位置传感器数据流	（数据流屏幕图解）	**技术要求** 1. 连接 KT600，起动发动机 2. 按照 KT600 操作流程，读取"进排气凸轮轴位置活动计数器"数据流 3. 观察数据流变化情况
2. 测量凸轮轴位置传感器电源电压	（万用表测量图解）	**技术要求** 1. 关闭点火开关，断开凸轮轴位置传感器插头连接器 2. 万用表校零，正极接端子1，负极接端子2 3. 将点火开关置于 ON 位置 4. 根据下表中的要求测量 表格见下方

检测仪连接	条件	标准值
1-2	点火开关 ON	4.8～5.2 V

续表

作业内容	图解	技术规范
3. 测量凸轮轴位置传感器输出信号测波形（以排气凸轮轴为例）		**技术要求** 1. 关闭点火开关，断开凸轮轴位置传感器连接器 2. 在本体与线束端连接 T 形线，保证传感器正常工作 3. 进入诊断仪示波器测量功能，正极探针连接至端子 3，负极探针连接至端子 2 4. 起动车辆，根据下表中的要求测量

检测仪连接	条件	标准值
3-2	起动发动机	脉冲方波信号，高电压 5 V，低电压 0 V

5. 故障诊断（表 3-4-2）

表 3-4-2　故障诊断

故障可以从以下方面察觉	故障原因	诊断方法
发动机控制模块以应急模式运行工作 耗油量提高 发动机故障指示灯亮 有故障码记忆	脉冲信号盘破裂 触点问题 紧固件断裂 温度问题 传感器损坏 线路故障	检查传感器导线、插头是否正确连接、断裂和腐蚀 检查传感器安装是否到位 检查传感器是否损坏 清洁传感器头 读取故障码存储器记录 用示波器记录信号 检测导线

→ **任务实施**

1. 任务准备

（1）设备：雪佛兰 2013 款科鲁兹（LDE）实车，每个工位车轮挡块、车轮垫块、座椅三件套、翼子板护垫及前格栅布 1 套。

（2）工具：数字万用表，诊断仪，T 形线若干。

（3）辅助工具：抹布若干。

2. 实施步骤(表 3-4-3)

表 3-4-3　雪佛兰 2013 款科鲁兹(LDE 发动机)实车电路/系统测试具体检修流程

作业内容	图解	技术规范
1. 断开凸轮轴位置传感器 B23F 的连接器	 排气凸轮轴位置传感器　　进气凸轮轴位置传感器	**技术要求** 1. 一定要在点火开关关闭的情况下断开进气歧管压力传感器连接器 2. 注意连接器断开的方法,一般都有锁止装置,拔下或按下锁扣再将连接器拔下 **特别提醒** 可能需要 2 min 才能让所有车辆系统断电
2. 低电平线路的断路检查(2-搭铁)		**技术要求** 1. 关闭点火开关 2. 数字万用表先校零,用 200 Ω 测量阻值标准 3. 标准电阻(断路检查) 表格: 检测仪连接 / 条件 / 规定状态 2-搭铁 / 始终 / 小于 10 Ω ≥5 Ω,转至步骤 3 <5 Ω,转至步骤 4 **特别提醒** 1. 采用合适粗细的 T 形线端子 2. 用数字万用表测量阻值时,一定不允许带电操作 3. 车身金属部分均为搭铁点

检测仪连接	条件	规定状态
2-搭铁	始终	小于 10 Ω

作业内容	图解	技术规范
3. 低电平线路端对端断路检查[2-40(X2)]		**技术要求** 1. 关闭点火开关，断蓄电池负极，断K20发动机控制模块的X2线束连接器 2. 数字万用表先校零，用200 Ω测量阻值标准 3. 标准电阻（断路检查） 表见下 ≥2 Ω，则修理电路中的开路/电阻过大 <2 Ω，更换K20发动机控制模块 **特别提醒** 1. 禁止用手去触摸电控单元端子 2. 注意X2的断开方法
4. 5 V参考电压的检查（1-搭铁）		**技术要求** 1. 数字万用表应校零 2. 测电压时，数字万用表选择直流20 V档位，正负极一定要与被测部件的正负极一致 3. 标准值 表见下 若<4.8 V，转至步骤5 若>5.2 V，转至步骤7 若在4.8～5.2 V之间，转至步骤8
5. 5 V参考电压端对搭铁的短路检查（1-搭铁）		**技术要求** 1. 关闭点火开关 2. 断开蓄电池负极，断开K20发动机控制模块的X2线束连接器 3. 数字万用表先校零，用200 Ω测量阻值标准 4. 标准电阻 表见下 ≠∞，则修理电路上的对搭铁短路故障 =∞，转至步骤6

技术要求3标准电阻（断路检查）：

检测仪连接	条件	规定状态
2-40(X2)	始终	小于2 Ω

技术要求3标准值：

检测仪连接	条件	规定状态
1-车身搭铁	ON	4.8～5.2 V

技术要求4标准电阻：

检测仪连接	条件	规定状态
1-搭铁	始终	∞

续表

作业内容	图解	技术规范
6.5 V 参考电压端对端断路检查［1-54(X2)］		技术要求 1. 关闭点火开关，断开蓄电池负极，断开 K20 发动机控制模块的 X2 线束连接器 2. 数字万用表先校零，用 200 Ω 测量阻值标准 3. 标准电阻(断路检查) | 检测仪连接	条件	规定状态
1-54(X2)	始终	小于 2 Ω | ≥2 Ω，则修理电路中的开路/电阻过大 <2 Ω，更换 K20 发动机控制模块 特别提醒 1. 禁止用手去触摸电控单元端子 2. 注意 X2 的断开方法
7.5 V 参考电压端对电压短路的检查(1-搭铁)		技术要求 1. 关闭点火开关 2. 断开蓄电池负极，断开 K20 发动机控制模块的 X2 线束连接器 3. 测电压时，数字万用表选择直流 20 V 档位，正负极一定要与被测部件的正负极一致 4. 标准值 | 检测仪连接	条件	规定状态
1-车身搭铁	ON	小于 1 V | ≥1 V，则修理电路上的对电压短路故障 <1 V，更换 K20 发动机控制模块
8. 信号电压的检查(3-搭铁)		技术要求 1. 数字万用表应校零 2. 测电压时，数字万用表选择直流 20 V 档位，正负极一定要与被测部件的正负极一致 3. 标准值 | 检测仪连接	条件	规定状态
3-车身搭铁	ON	4.8～5.2 V	

作业内容	图解	技术规范
		若＜4.8 V，转至步骤9 若＞5.2 V，转至步骤11 若在 4.8～5.2 V 之间， 如果设置了 DTC PO341，转至步骤12 如果未设置故障诊断码，更换凸轮轴位置传感器
9. 信号电路端对搭铁的短路检查（3-搭铁）		技术要求 1. 关闭点火开关 2. 断开蓄电池负极，断开 K20 发动机控制模块的 X2 线束连接器 3. 数字万用表先校零，用 200 Ω 测量阻值标准 4. 标准电阻 表格：检测仪连接／条件／规定状态；3-搭铁／始终／∞ ≠∞，则修理电路上的对搭铁短路故障 ＝∞，转至步骤12
10. 信号电路端对端的断路检查［3-27（X2）］		技术要求 1. 关闭点火开关，断蓄电池负极，断 K20 发动机控制模块的 X2 线束连接器 2. 数字万用表先校零，用 200 Ω 测量阻值标准 3. 标准电阻（断路检查） 表格：检测仪连接／条件／规定状态；3-27（X2）／始终／小于 2 Ω ≥2 Ω，则修理电路中的开路/电阻过大 ＜2 Ω，更换 K20 发动机控制模块
11. 信号电压端对电压短路的检查（3-搭铁）		技术要求 1. 关闭点火开关 2. 断开蓄电池负极，断开 K20 发动机控制模块的 X2 线束连接器 3. 点火开关置于 ON 4. 根据下表中的值用数字万用表直流 20 V 档测量电压

续表

作业内容	图解	技术规范
		<table><tr><td>检测仪连接</td><td>条件</td><td>规定状态</td></tr><tr><td>3-搭铁</td><td>ON</td><td>是否 低于1 V</td></tr></table>≥1 V，则修理电路上的对电压短路故障 ＜1 V，则更换 K20 发动机控制模块
12. 机械原因的检查	凸轮轴位置传感器 磁阻轮 凸轮轴位置传感器和磁阻轮间隙	**技术要求** 　1. 检查 B23 凸轮轴位置传感器或磁阻轮间隙是否过大或松动 　2. 检查 B23 凸轮轴位置传感器安装是否正确 　3. 检查 B23 凸轮轴位置传感器和磁阻轮之间是否有异物通过 　4. 检查 B23 凸轮轴位置传感器和磁阻轮之间的气隙是否过大 　5. 检查磁阻轮是否损坏 　6. 检查发动机机油中是否有碎屑 　7. 检查正时链条、张紧器和链轮是否磨损或损坏 上述任何情况，则根据需要进行修理 若所有部件测试正常，更换凸轮轴位置传感器
13. 修复后再次检查故障码和数据流，5S 工作		**技术要求** 设备和现场的整理工作

项目 **4** 汽车排放污染物控制系统

PROJECT

项 目 概 述

　　随着汽车工业的不断发展和汽车保有量的急剧增加，汽车排放物对大气的污染日趋严重。据环保部门的研究结果，北京市机动车排放物对大气污染物中 CO、HC、NO 的分担率分别为 63.4％、73.5％和 46％；上海市中心地区机动车排放物对大气中 CO、HC、NO 的分担率分别为 86％、96％和 56％。许多国家的大中城市的空气，污染有五成以上来源于汽车所排出的废气。本着坚持绿水青山就是金山银山的理念，为了加强生态环境保护，必须严格控制汽车的排放污染，研究汽车排放污染的防治技术也成了当前的重要课题。

　　本项目主要介绍电控发动机排放系统的组成，氧传感器、活性炭罐电磁阀、三元催化转换器、废气再循环系统、二次空气喷射系统等排放控制系统的结构及检修。通过该内容的学习，对发动机排放控制系统有深入的认识，并能对发动机主要的排放控制系统进行检修，控制汽车排放，减少大气污染。

　　通过本课程的学习，学生要达到如下的知识、技能、行为习惯、职业素养等，并达到相应要求。

序号	学习内容(知识、技能、行为习惯、职业素养等)	评价标准			
		了解 知道	理解 掌握	指导下 操作	独立 操作
1	汽车尾气排放认知		√		
2	三元催化装置认知		√		
3	废气再循环控制系统(EGR)认知		√		
4	二次空气系统认知		√		
5	燃油蒸发排放系统的检修(EVAP)				√
6	氧传感器的检修				√
7	汽车尾气排放检测				√

任务1　汽车尾气排放认知

三　维　目　标

知识与技能目标：

(1)能叙述汽油发动机各排放污染物的组成；

(2)会分析汽油发动机排放污染物的形成原因及危害；

(3)能叙述汽油发动机解决排放污染物的措施；

(4)能在整车上指出三元催化转换器、废气再循环、二次空气喷射的位置；

(5)能叙述三元催化转换器、废气再循环系统、二次空气喷射的的作用；

(6)会分析三元催化转换器、废气再循环、二次空气喷射的组成和工作过程。

过程与方法目标：

(1)学习过程中养成服从指挥的习惯；

(2)养成工作前、工作中和工作后的5S的习惯。

情感态度价值观目标：

(1)学会与同学合作交流，在合作交流的过程中获益；

(2)养成爱岗敬业、团结协作的职业意识。

➔ 必备知识

一、汽车尾气中的主要污染物

1. 排气污染物

(1)一氧化碳(CO)。

一氧化碳是无色、无味、无臭的易燃有毒气体。一般城市中的一氧化碳水平对植物及有关的微生物均无害，但对人类有害，因为它能与血红素作用生成羧基血红素。实验证明，血红素与一氧化碳的亲和性是与氧的亲和能力的 200～300 倍，因此，使血液携带氧的能力降低而引起缺氧。一氧化碳被人体大量吸入之后会使人发生恶心、头晕、疲劳症状，严重时会使人窒息死亡。各种 CO 浓度的危害见表 4-1-1。

表 4-1-1 各种 CO 浓度的危害

CO 浓度/(mg/L)	危害
10	人慢性中毒、贫血，病人心脏、呼吸道恶化
30	人在 4～6 h 内中毒
100	使人头痛、恶心
120	人在 1 h 内中毒
10 000	使人失去知觉，导致死亡

CO 是空气中最主要的污染物。人为排放的 CO 量上已经超过了所有其他空气污染物的总和。现代发达国家城市中 CO 约 80% 是汽车排放的。

CO 是由各种碳氢化合物不完全燃烧所产生的。较高 CO 含量表示燃油系统有故障，如混合气不洁净、活塞环胶结阻塞、燃油供应太多、空气太少、点火太早等。

(2)氮氧化合物(NO_x)。

NO_x 中 95% 以上都是 NO。NO 是一种无色无味的气体，毒性不大，但可被氧化成 NO_2。NO_2 是一种红棕色的有毒气体，它能使血液输氧能力下降，会损害心脏、肝、肾等器官，NO_2 对人及生物的影响见表 4-1-2。另外 NO_2 还是产生酸雨和引起气候变化、产生烟雾的主要原因。

表 4-1-2 NO_2 对人及生物的影响

NO_2 浓度/(mg/L)	影响
0.5	连续 3～12 月，患支气管炎部位有肺气肿出现
1.0	闻到臭味
2.5	超过 7 h，西红柿、植物等作物叶子变白色
5.0	闻到强烈臭味
50	1 min 之内，人的呼吸异常，鼻受刺激
80	3～5 min 引起胸痛
100～150	人在 30～60 min，因肺水肿而引起死亡

高温(1 800 ℃)和高浓度氧气是生成 NO_x 的必要条件。所以 NO_x 是在混合气完全燃烧的条件下生成的。

控制 NO_x 产生的主要方法如下。

①降低混合气中氧的浓度。

②降低燃烧温度。

③缩短在高温燃烧带内的滞留时间以及改善混合气的形成。

(3)碳氢化合物(HC)。

HC 主要来源有燃料的不完全燃烧和有机化合物的蒸发。城市中的 HC 虽然对健康无害，但在阳光照射下引起光化学反应，能生成有害的光化学烟雾。

HC 读数过高的因素如下。

①气缸压力不足。

②发动机温度过低。

③油箱中油气蒸发。

④混合气由燃烧室向曲轴箱泄漏。

（4）微粒。

微粒是指空气中分散的液态或固态物质，其粒度在分子级，即直径在 0.000 2～500 μm 之间，包括气溶胶、烟、尘、雾和炭烟等。

炭烟是指极细的、可集成一串的微粒。

一般肉眼可分辨直径在 100 μm 以上的微粒。易于通过呼吸过程而进入呼吸道的微粒物常称为可吸入微粒物，其直径小与 10 μm。

空气中微粒物的危害主要有以下几个方面：

①遮挡阳光。使气温降低使云雾和雨水增多，以致影响气候。

②可见度降低，交通事故增多。

③燃烧后形成的 SO_2、SO_3 等的共同作用对呼吸系统的危害很大。

因此，针对排气污染物的控制系统包括三元催化转换器（TWC），废气再循环控制系统（EGR）和二次空气喷射系统（AI）。

2. 非排气污染物控制

非排气污染物是指从排气管以外的其他途径排放到大气中的有害污染物，这类污染物是碳氢化合物（HC），来自于曲轴箱和燃油系统的窜气。

针对非排气污染物的控制系统包括燃油蒸发控制系统（EVAP）和曲轴箱强制通风系统（PCV）。

二、 排气系统的作用、 结构、 部件安装位置及其工作原理

1. 作用

排气系统历来是汽车发动机组成中不可缺少的一部分。而随着汽车技术的不断发展，排气系统的内容与作用在原有基础上有所扩大。

传统的：汇集各缸排出的废气，并简单处理后排出车外。排气系统的作用（排气歧管、排气消声器）

当前的：除以上作用外，更注重减少对有害气体排放，降低排气噪声，以及对充气性能的加强（EGR阀、燃油蒸气回收装置、催化与净化装置）。

2. 排气系统的组成

电控发动机排气系统一般是由排气歧管、排气消声器、催化与净化装置和尾管四个部分组成，如图4-1-1所示。

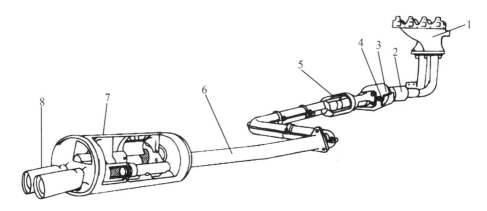

图 4-1-1　排气系统的组成

1. 排气歧管　2. 前排气管　3. 催化转换器　4. 排气温度传感器
5. 副消声器　6. 后排气管　7. 主消声器　8. 排气尾管

（1）排气歧管。

作用：汇集各缸排出的废气，经排气消声器排出。

工作环境与结构：排气歧管是在冷热状态急剧变化的条件下工作的，为减少其热负荷，多数排气管为一缸一个歧管。为防止排气管开裂，有时采用分段套装。

材料：一般用铸铁铸造而成。

安装位置：与进气歧管相对应有上下式与左右式两种。

（2）排气消声器。

根据干涉原理，排气消声器有吸收、反射两种基本消声方式。在吸收式消声器上，通过废气在玻璃纤维、钢纤维和石棉等吸音材料上的摩擦而减小其能量。反射式消声器则有多个串联的谐调腔与不同长度的多孔反射管相互连接在一起。废气在其中经多次反射、碰撞、膨胀、冷却而降低其压力，减轻了振动。

（3）催化与净化转化装置。

催化剂将与三种主要的尾气排放物，即碳氢化合物（HC）、一氧化碳（CO），以及氮氧化合物（NO_x）发生反应。

所采用的催化剂为铑、钯和铂等。将少量上述材料用作催化剂，以便将 HC、CO 和 NO_x 等转换为无害的水（H_2O）、二氧化碳（CO_2）和氮（N）等。

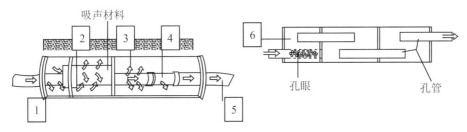

图 4-1-2　组合式消声器

1. 排气管　2. 节流管　3. 反射管　4. 吸音材料　5. 干涉管　6. 尾管

（4）排气尾管。

与消声器连接最后一节是尾管，它是排气系统最后一段管子，将废气引出车外。尾管有单排气和双排气两种，一般 V 型发动机或大排量发动机采用双排气，小排量车采用单排气。

三、 三元催化转化器认知

1. 三元催化转换器的作用

催化与净化装置又称排气的后处理装置，三元催化技术是目前汽车上采用最多的一种排气污染物处理净化技术。TWC 串联在排气系统中，当排气气流进入催化器时，废气中的有害气体 CO、HC 和 NO_x 在三元催化剂（铂、钯和铑的混合物）的作用下发生化学反应，生产 CO_2、N_2 和 H_2O，废气中的三类有害气体通过 TWC 后变成无害气体，使废气得到净化。

2. 三元催化转换器的结构

TWC 由金属外壳、载体、催化剂和金属丝网等组成，结构如图 4-1-3 所示。催化剂是用贵金属铂、钯和铑以及一些稀土金属（铈、钌、镧等）制成的混合物，金属铂能促使有害气体 CO 和 HC 的氧化，金属铑能加速有害气体 NO_x 的还原。载体由陶瓷或不锈钢铂制成，用于携带催化基层。根据载体的结构特点，TWC 可分为颗粒和蜂巢型两种类型。颗粒型是将催化剂沉积在颗粒状氧化铝载体表面。蜂巢型是将催化剂沉积在蜂巢状氧化铝载体表面。氧化铝表面有形状复杂的表层，可以增大三元催化剂与排气气流的实际接触面积。

TWC 安装在排气管的中部，图 4-1-4 为捷达汽车 TWC 在排气管中的位置，一般多为整体不可拆卸式。有的车为了达到更好的净化效果，采用两级催化转换器，如图 4-1-5 所示。

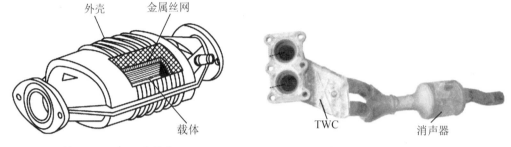

图 4-1-3　TWC 的结构　　　　　图 4-1-4　捷达汽车 TWC 在排气管中的位置

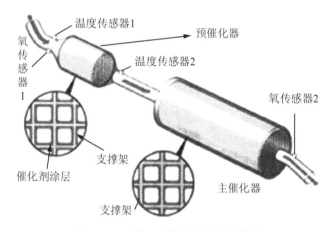

图 4-1-5　两级三元催化转换器结构图

3. 工作原理

当发动机排出废气流经安装在排气管上的 TWC 时，在三元催化剂的作用下，CO 和 HC 发生氧化反应，NO_x 发生还原反应，原理如图 4-1-6 所示。

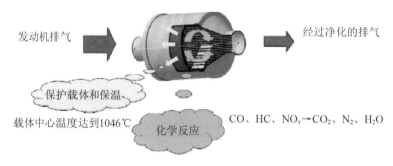

图 4-1-6　三元催化转换器的工作原理

从图 4-1-6 所示的化学方程式可以看出，CO 和 HC 发生氧化反应时需要一定量的 O_2。当气缸中的可燃混合气较浓时，发动机的排气气流中的 O_2 将很低，上述的氧化反应就无法进行；当气缸中的可燃混合气较稀时，发动机的排气气流中的 HC 将增多，从而增加了有害气体的含量，增大了净化负担，可见 TWC 的转换效率与混合气的浓度有很大的关系。图 4-1-7 为 TWC 的转换效率与混合气空燃比的关系图。从图上看出，只有当混合气的浓度在标准的理论空燃比(14.7：1)附近的一个很小范围内时，三元催化剂才能同时促进 3 种有害气体发生反应，TWC 的转换效率才最好，为此必须使用氧传感器组成发动机电控燃油喷射闭环控制系统才能将混合气的空燃比精确控制在 14.7：1 附近。

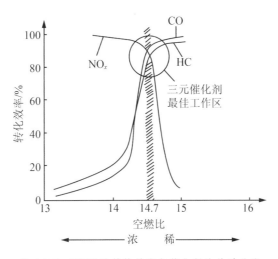

图 4-1-7　TWC 的转换效率与催化剂的关系曲线

TWC 工作时会由于氧化反应产生大量的热量，在正常工作期间，TWC 内部的温度将达到 500 ℃ 以上，表面的温度为 370 ℃ 以上。为了防止损坏车身底部，避免热量进入发动机机舱和驾驶室内，在汽车底部都安装有防热罩和隔热板。此外，发动机的排气温度过高(815 ℃以上)，TWC 转换效率将明显下降。

4. 使用时应注意的问题

鉴于三效催化器早期失效的原因，使用时应注意如下事项：

(1)勿用含铅汽油。

(2)勿长期急速运转(开环控制状态)。

(3)勿让发动机转速忽快忽慢。

(4)点火时间勿太迟。

（5）长时间起动不着。

（6）不要长时间拔出高压线试火。

（7）测量气缸压力时，要拔下燃油泵的中控接头，从而能停止喷油器向气缸内喷油。

（8）发现有气缸工作不良时，应及时停车检查、排除故障。

（9）避免混合气偏浓的诸多因素，如喷油器关闭不严，燃油压力调节器失效（油压过高）、氧传感器失效、空气流量传感器失效等。

（10）催化转化器只要正确使用，一般不需要维护，故不必随便拆卸，如需更换时一定要与发动机匹配。

5. 外观检查

检查催化转化器在行驶中是否受到损伤以及是否过热。将车辆升起之后，观察催化转化器表面是否有凹陷，如有明显的凹痕和刮擦，则说明催化转化器的外体可能受到损伤。观察催化转化器外壳上是否有严重的褪色斑点或略呈青色和紫色的痕迹，在催化转化器防护罩的中央是否有非常明显的暗灰斑点。如有，则说明催化转化器曾处于过热状态，需做进一步的检查。

用拳头敲击并晃动催化转化器，如果听到有物体移动的声音，则说明其内部催化剂载体破碎，需要更换催化转化器。同时要检查催化转化器是否有裂纹，各连接是否牢固，各类导管是否有泄漏。如有，则应及时加以处理。此方法简单有效，可快速检查催化转化器的机械故障。

由于催化剂载体破损剥落、油污聚集，容易阻塞载体的通道，使流动阻力增大，这时可通过测量其压力损失来进行检查。

四、 废气再循环控制系统（EGR）认知

1. 废气再循环的作用

废气再循环（EGR）系统的功能是将一部分废气引入进气系统中使其与新鲜混合气一起进入气缸中进行燃烧，以降低混合气中氧的浓度，同时稀释混合气，使燃烧速度变慢，燃烧温度降低，从而达到减少燃烧过程中 NO_x 的生成，如图 4-1-8 及图 4-1-9 所示。

汽车废气是一种不可燃气体（不含燃料和氧化剂），在燃烧室内不参与燃烧。它通过吸收燃烧产生的部分热量来降低燃烧温度和压力，以减少氧化氮的生成量。进入燃烧室的废气量

随着发动机转速和负荷的增加而增加。

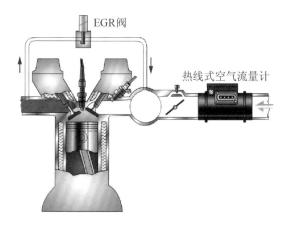

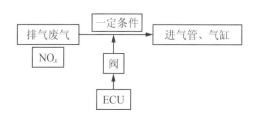

图 4-1-8　废气再循环系统的作用　　　　　图 4-1-9　废气再循环系统作用示意图

2. 废气再循环系统的结构

　　废气再循环系统分为机械控制式 EGR 和电子控制式 EGR。现在汽车上普遍采用的是电子控制式 EGR，其结构及组成分别如图 4-1-10 及图 4-1-11 所示。

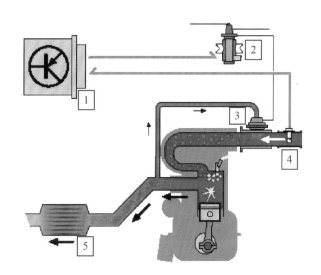

图 4-1-10　废气再循环系统的结构

1. 发动机控制单元　2. 废气再循环(电磁阀)　3. 废气再循环(机械阀)

4. 空气流量计　5. 尾气净化装置

　　EGR 阀是 EGR 控制系统中最重要的部件，按照控制方式可以分为由进气歧管真空度控制的真空膜片式 EGR 阀和由发动机 ECU 控制的电磁式 EGR 阀。真空膜片式 EGR 阀能够实现的 EGR 率一般为 5%～15%；带电磁式 EGR 阀则可实现较大 EGR 率的控制，并且控制更加方便。

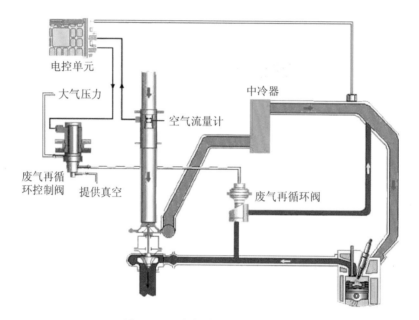

图 4-1-11　废气再循环系统的组成

（1）真空膜片式 EGR 阀。

真空膜片式 EGR 阀由进气歧管真空度控制，真空膜片式 EGR 阀由膜片、弹簧、推杆、锥形阀等组成，如图 4-1-12 所示。膜片上方是密闭的膜片室，进气歧管的真空与膜片室的真空入口相连，膜片推杆下部安装有锥形阀，没有真空作用到膜片室时，膜片上方的弹簧向下压迫膜片，这时锥形阀位于阀座上，EGR 阀关闭。

当发动机起动后，进气歧管的真空作用到 EGR 阀上方的密闭膜片室，膜片推杆将克服弹簧的压力向上运动，带动锥形阀向上提起，EGR 阀关闭，这时废气就可以从排气管进入进气歧管。

（2）电磁式 EGR 阀。

电磁式 EGR 阀由发动机 ECU 控制，电磁式 EGR 阀由电磁线圈、电枢、锥形阀、EGR 阀开度位置传感器等组成，如图 4-1-13 所示。发动机 ECU 控制电磁线圈通电，使电枢向上运动带动锥形阀离开阀座后，废气就可以进入进气歧管。

发动机 ECU 根据冷却液温度传感器、节气门位置传感器和空气流量传感器的输入信号确定最佳的 EGR 阀的开启程度，如图 4-1-14 所示。再通过控制 EGR 阀电磁线圈的通电占空比信号控制电枢的最佳开启位置，EGR 阀中的开度位置传感器可以反馈电枢的实际位置，从而可以实现 EGR 系统的闭环控制。

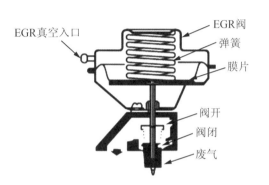

图 4-1-12　真空膜片式 EGR 阀的结构

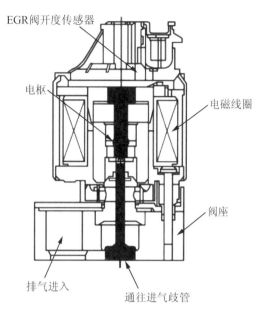

图 4-1-13　电磁式 EGR 阀的结构

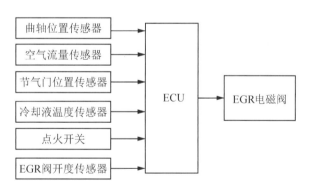

图 4-1-14　电磁式 EGR 阀的工作示意图

3. 废气再循环 EGR 系统的工作原理

(1)废气再循环系统的控制原则。

通常以废气再循环率来衡量废气的引入量，废气再循环率定义如下：

$$EGR\ 率 = EGR\ 气体量/(吸入的空气量 + EGR\ 气体量) \times 100\%$$

EGR 率与发动机动力性、经济性和排放性能有关(图 4-1-15)。

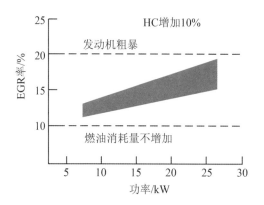

图 4-1-15　EGR 率与发动机性能的关系

由于废气再循环会稀释混合气，所以随着 EGR 率的增加，混合气的着火能力以及发动机的输出功率都会下降，并且随着燃烧稳定性能的下降，HC 的排放量也会随之上升。小负荷或怠速时进行废气再循环会使燃烧不稳定，甚至使发动机熄火；全负荷时需要强大的动力输出，如果此时使用废气再循环会使发动机的动力下降，为此应对废气再循环系统的 EGR 率进行适当的控制。控制原则如下：

①由于 NO_x 的排放量随着负荷的增加而增大，所以 EGR 率也应随着负荷额增加而增大。

②在发动机的暖机工况下，冷却液的温度和进气温度都较低，NO_x 的排放量会很低，混合气的供给也不稳定，为防止引入废气时破坏混合气燃烧的稳定性，一般在发动机的温度低于 50 ℃时，不进行废气再循环。

③在怠速和小负荷工况下，NO_x 的排放量会很低，为此不进行废气再循环。

④在全负荷和高速时，需要输出强大的动力，并且虽然燃烧室的温度高，但是氧浓度较低，所以不进行废气再循环。

⑤根据发动机工况的不同，进入进气歧管的 EGR 率在 6％～23％之间变化。

（2）废气再循环系统的控制原理。

EGR 控制系统分为开环控制系统和闭环控制系统两种。

①EGR 开环控制系统。

以丰田车型为例（图 4-1-16），EGR 开环控制系统由 EGR 阀、EGR 真空调节器、真空控制阀等组成。

丰田 EGR 控制系统的工作原理示意图如图 4-1-17 所示，节气门体上有两个与发动机负荷相关的 E 孔和 R 孔，通过真空软管，进气歧管的真空度通过 E 孔和 R 孔经 EGR 真空调节器和真空控制阀施加在 EGR 阀的真空室内。

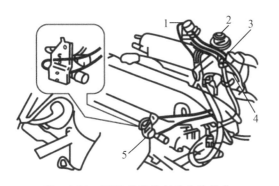

图 4-1-16 EGR 开环控制系统的组成

1.EGR 真空调节器 2.EGR 阀 3.E 孔

4.R 孔 5.真空控制阀 6.美国加州车型

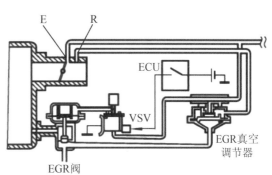

图 4-1-17 丰田 EGR 控制系统
的工作原理示意图

当发动机处于冷机状态(冷却液温度在 50 ℃以下)、怠速以及发动机的转速在 4 000 r/min 以上时,ECU 发出指令使真空控制阀关闭,这时 EGR 阀的真空室经真空控制阀与大气相通,EGR 阀关闭,不进行 EGR。

当真空控制阀在 ECU 的控制下打开时,EGR 率由 EGR 真空调节器控制。

②EGR 闭环控制系统。

具有 EGR 率反馈信号闭环控制系统的原理如图 4-1-18 所示,安装在稳压箱上 EGR 率传感器将其检测到的 EGR 率信号反馈给电脑,电脑据此发出控制指令,调整安装在管路中的 EGR 控制阀开度,以此控制 EGR 率,使其在发动机的各种工况下始终保持最佳值。

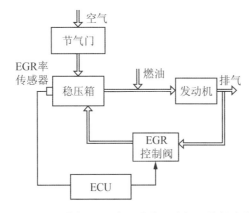

图 4-1-18 具有 EGR 率反馈信号的闭环控制系统

以本田车型为例,EGR 闭环控制系统由 EGR 阀、EGR 真空控制阀、EGR 控制电磁阀、ECU 以及传感器等组成,如图 4-1-19 所示。

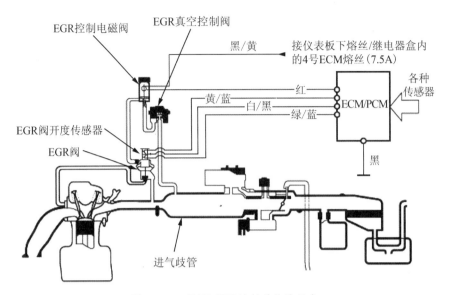

图 4-1-19　EGR 闭环控制系统的组成

当发动机 ECU 判断当前工况满足进行 EGR 的条件时，便接通 EGR 控制电磁阀的搭铁电路，控制电磁阀打开，使经过 EGR 真空控制阀的进气歧管真空施加在 EGR 阀的真空室内，EGR 阀即可打开，进行 EGR。

在 EGR 阀上安装有 EGR 开度位置传感器，该传感器利用一个柱塞推动的电位计向 ECU 反馈 EGR 阀的实际开度，ECU 中存储了发动机在各种工况下 EGR 阀的最佳开度，如果 EGR 阀的实际开度与存储在 ECU 内部的最佳开度不一致，则 ECU 将通过控制 EGR 真空控制阀增加或降低施加在 EGR 阀上的真空压力，以控制 EGR 阀的开度，达到控制 EGR 率的目的。

4. EGR 控制系统的检修

（1）一般检查。

拆下 EGR 阀上的真空软管，发动机转速应无变化，用手触试真空软管应无真空吸力；发动机温度达到正常工作温度后，怠速时检查结果应与冷机时相同，若转速提高到 2 500 r/min 左右，拆下真空软管，发动机转速有明显提高。

（2）EGR 电磁阀的检查。

冷态测量电磁阀电阻应为 33～39 Ω。电磁阀不通电时，从进气管侧吹入空气应畅通，从滤网处吹应不通；接上蓄电池电压时，应相反。

（3）EGR 阀的检查。

如图 4-1-20 所示，用手动真空泵给 EGR 阀膜片上方施加约 15 kPa 的真空度，EGR 阀应能开启，不施加真空度，EGR 阀应能完全关闭。

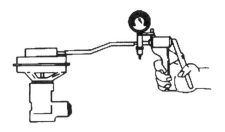

图 4-1-20　EGR 阀的检查

五、　二次空气喷射系

1. 二次空气喷射系统作用

在一定工况下，将新鲜空气送入排气管或三元催化转换器中，促使废气中的一氧化碳和碳氢化合物进一步氧化，从而降低 CO 和 HC 的排放量，同时加快三元催化转换器的升温。由于冷起动阶段混合气过浓，在废气中产生较高比例的未燃碳氢化合物，通过二次空气喷射可以改善尾气净化器中的再氧化并进而减少有害物质排放值，由再氧化产生的热量可显著缩短尾气净化器的起动时间，催化转换器的起动温度约为 250 ℃，发动机起动后几秒钟内即可达到，因此冷态运转阶段的废气质量得到改善，且可使发动机控制模块尽快进入空燃比闭环控制过程。

2. 组成与工作原理

（1）组成。

二次空气喷射系统的组成如图 4-1-21 所示。

（2）工作原理。

如图 4-1-21 所示，由真空控制空气旁通阀和空气分流阀，它们可控制从二次空气泵到排气口或催化转换器的空气量。空气分流阀到排气口和催化转换器之间各有一个单向阀，以防止在减速等情况时，排气管中的废气倒流至二次空气喷射系统。发动机控制模块控制两个电磁线圈，分别给旁通阀和分流阀供应真空。当点火开关打开，就向电磁阀施加电压，发动机控制模块通过控制电磁阀接地而使其通电。

①在发动机刚起动后，发动机控制模块控制电磁阀在断电状态，电磁阀切断旁通阀和分流阀的真空。这样，从空气泵来的空气通过旁通阀旁通到大气。这种工作状态持续的时间取

决于发动机的温度，温度越低，持续时间越长。

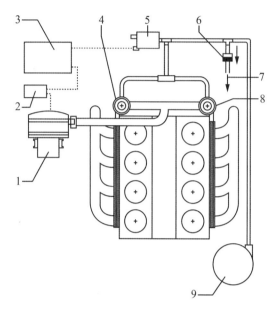

图 4-1-21　二次空气喷射系统的组成示意图

1. 二次空气泵马达　2. 二次空气泵继电器　3. 发动机控制单元　4. 右侧二次空气喷射用组合阀

5. 二次空气喷射阀　6. 单向阀　7. 到进气管　8. 左侧二次空气喷射用组合阀　9. 真空储气罐

②发动机暖车时，发动机控制模块给旁通阀和分流电磁阀通电，空气从空气泵经旁通阀流到分流阀，分流阀再将空气导入排气口。进入排气口的空气使 HC 排放物在排气歧管中燃烧，这种燃烧同时使氧传感器快速加热。这种工作模式下，发动机控制模块以空燃比开环方式工作。

③发动机在正常工作温度下运行时，发动机控制模块以空燃比闭环方式工作。发动机控制模块只给旁通电磁阀通电，而使反流电磁阀断电，切断供到分流阀的真空。这样，从空气泵来的空气经旁通阀流至分流阀后导入催化转化器，并与 HC 和 CO 燃烧，减少 HC 和 CO 的排气量。旁通阀和分流阀都有一个卸压阀，如果系统堵塞或阻力过大时，卸压阀可释放压力以防止空气泵压力过高。在发动机处于正常工作温度时，二次空气喷射系统不可向排气口泵入空气，否则排气流中的附加空气使来自氧传感器的信号变弱。发动机模块对这些弱信号的响应是，增加燃油喷射脉冲，因而会增加燃油消耗和 CO 的排放量。

氧传感器的检修

→ 必备知识

一、　氧传感器简介

1. 作用

氧传感器(图 4-2-1)通过检测空燃比，实现空燃比闭环控制。λ 传感器(也称之为氧传感器)比较空气中的氧含量和废气中的残余氧含量，并输送给控制单元一个电压信号，如果传感器头部的孔堵塞、传感器受到过度的热应力、λ 传感器太冷或λ 传感器加热传感器不工作、λ 控制关闭(在喷射系统中控制单元检测到故障)，将使电压不变化或者缓慢变化，发动机可能出现怠速不稳定、油耗上升和排放超标等现象。

图 4-2-1　氧传感器实物图

2. 安装位置

如图 4-2-2 及图 4-2-3 所示，氧传感器安装在车辆底部排气总管上。

3. 氧传感器的分类

(1)按检测范围分，有窄型氧传感器(氧传感器)和宽型氧传感器(空燃比传感器)。

(2)按功能分，有前氧传感器(三元催化器前)和后氧传感器(三元催化器后)。

 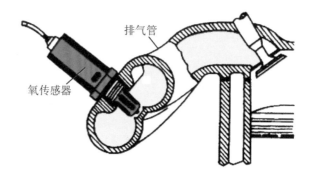

图 4-2-2　氧传感器安装实物位置图　　　　图 4-2-3　氧传感器安装示意图

(3)按材料和结构分，有氧化锆式和氧化钛式。

(4)按传感器是否有加热装置分，有加热型和非加热型。

(5)按传感器接线分，1 线、2 线为非加热型；3 线、4 线以上为加热型。

目前车辆使用最为广泛的有 4 线以上的氧化锆式、氧化钛式和宽频式的氧传感器。本节只介绍这三种类型的氧传感器。

二、　氧化锆式氧传感器

1. 结构

氧化锆式氧传感器为耐铅传感器，这是一种加热型氧传感器，能在发动机起动不久后投入工作。发动机的排气气流从锆管表面的陶瓷层渗入，与负极接触。内部的正极与大气接触。锆管内外存在一定的 O_2 浓度差，使得氧化锆电解质内部的氧离子开始向负极扩散，扩散的结果造成正、负极之间产生电势差，并且浓度差越大，电势差就越大。具体结构如图 4-2-4 所示。

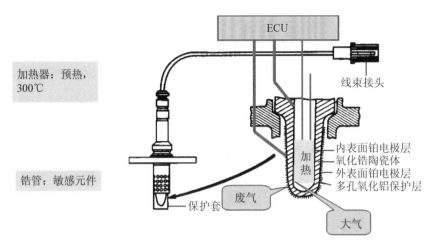

图 4-2-4　氧化锆式氧传感器结构示意图

2. 工作原理

锆管外部的电极铂膜起催化作用，使排气气流中的低浓度 O_2 和有害气体 CO 发生化学反应，生产 CO_2，这样既可以降低排气气流中 CO 的浓度，又可以增大锆管内外之间的 O_2 浓度差，从而提高氧传感器的输出信号电压。

当混合气较浓时，排气气流中的 O_2 含量较低，CO 的浓度较高，这时在锆管负极铂膜的催化作用下排气气流中的 O_2 几乎全部参加反应，使得锆管外表面附近的氧离子浓度几乎为零，此时锆管内外之间的 O_2 浓度差很大，正、负电极之间的电势差较高，可达 0.8～1.0 V。

当混合气较稀时，排气气流中的 O_2 含量较高，CO 的浓度则较低，这时即使 CO 全部和 O_2 发生反应，锆管外部还是存在多余的 O_2，可见锆管内外两侧 O_2 的浓度差较小，此时正、负电极之间的电势差较低，约为 0.1 V。

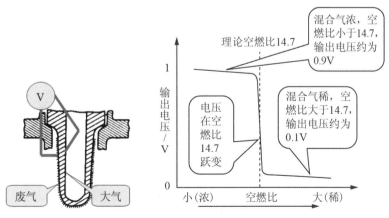

图 4-2-5　氧化锆式氧传感器的输出特征曲线

图 4-2-5 为氧化锆式氧传感器的输出特征曲线图。从图中可以看出，氧化锆式氧传感器的输出电压在理论空燃比附近发生突变。当混合气的空燃比稍高于理论空燃比时，输出电压接近 0 V；当混合气的空燃比稍低于理论空燃比时，输出电压接近 1 V。发动机 ECU 就根据氧传感器的输出电压不断的修正喷油量，使混合气的空燃比尽可能地保持在理论空燃比附近。

氧化锆式氧传感器输出信号电压的大小与其工作温度有很大的关系。当二氧化锆的温度在 300～800 ℃之间时，氧传感器最为敏感，输出信号电压较强。通过实验证明，当二氧化锆的温度低于 300 ℃时，无输出电压；当温度在 300 ℃时，输出电压最高。虽然排气气流的热量可以提高氧传感器的温度，但是在发动机刚刚起动时，氧传感器的温度不能迅速达到工作温度，并且氧传感器的温度还会随着排气气流温度的改变而发生波动，这将影响氧传感器输出信号的稳定性，为此现在多数氧化锆式氧传感器的内部都设计了加热电路，使氧化锆式氧传感器的工作温度保持在 300 ℃附近。

非加热型氧化锆式氧传感器的线束插接器可以是 1 个或 2 个接线端子。如果是一个接线端子时，传感器的外壳就是另一个信号输出端子，此时外壳搭铁。加热型氧化锆式氧传感器的线束插接器有 3 个或 4 个接线端子，其中两个是电加热元件的电源输入端子。图 4-2-6 是四端子氧化锆式氧传感器的线束插接器。

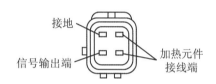

图 4-2-6 四端子氧化锆式氧传感器的线束插接器

三、 氧化钛式氧传感器

1. 结构

氧化钛式氧传感器是使用二氧化钛（TiO_2）作为内部敏感元件，由厚膜元件、连接线、保护套管等组成的传感器，如图 4-2-7 所示。

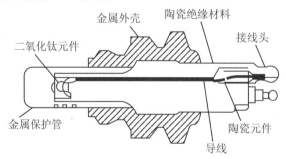

图 4-2-7 氧化钛式氧传感器结构图

氧化钛式氧传感器的外形与氧化锆式氧传感器相似，但是体积较小。

2. 工作原理

二氧化钛的电阻值在正常情况下是稳定不变的，但是当它的表面缺氧时，其电阻值则会大大降低，氧化钛式氧传感器就是利用二氧化钛的这种特性制成的。图 4-2-8 是氧化钛式氧传感器与发动机 ECU 的连接示意图，通过 ECU 的端子 3 给氧化钛式氧传感器提供 1 V 的工作电压。当混合气较浓时，排气气流中的氧含量较低，二氧化钛的阻值降低，氧传感器通过 ECU 的端子 4 给 ECU 输入一个较高的电压信号；反之，当混合气较稀时，排气气流中的氧含量较高，二氧化钛的阻值升高，氧传感器给 ECU 输入的电压信号就会降低。实验证明，氧传感器的输入信号会在理论空燃比附近发生突变，如图 4-2-9 所示。

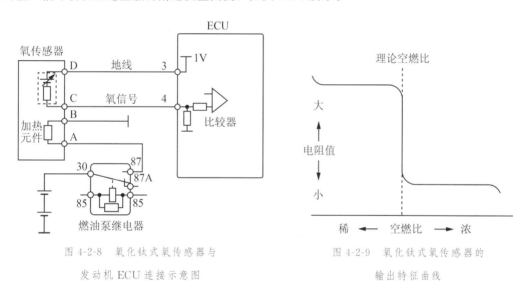

图 4-2-8   氧化钛式氧传感器与
发动机 ECU 连接示意图

图 4-2-9   氧化钛式氧传感器的
输出特征曲线

与氧化锆式氧传感器相比，氧化钛式氧传感器结构简单、造价低廉，并且抗腐蚀能力和可靠性都较高。

四、宽带型氧传感器

1. 结构

宽带型氧传感器的结构如图 4-2-10 所示，其特点如下。
(1) 装在三元催化反应器前。
(2) 插头有 6 个端子。
(3) 调整更精确、精细。

（4）通过单元泵工作，可将尾气中的氧吸入测量室，单元泵工作所用电流，即为传递给控制单元的电信号。控制氧传感器的电压值在 450 mV 附近。

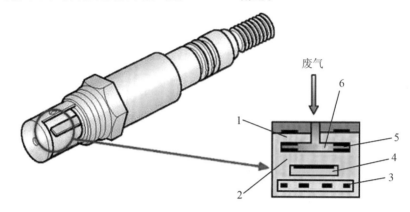

图 4-2-10　宽带型氧传感器结构

1. 单元泵　2. 能斯托单元　3. λ传感器加热器　4. 外界空气通道　5. 测量室　6. 放氧通道

2. 工作原理

（1）调整举例：混合气过浓，如图 4-2-11 所示。

①泵入混合气过浓时，单元泵以原来的工作电流工作，测试室的氧含量少。

②氧传感器电压值超过 450 mV。

③减少喷油量。

④控制单元增大单元泵的工作电流，使单元泵旋转速度增加，增加泵氧速度。

⑤单元泵泵入测试室中的氧含量增加，使氧传感器电压值恢复到 450 mV。

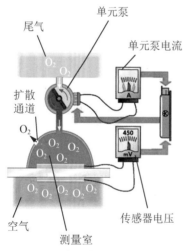

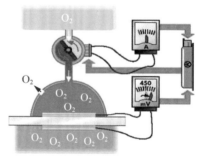

图 4-2-11　宽带氧传感器工作原理　　　　图 4-2-12　宽带氧传感器工作原理

　　　　（混合气过稀）　　　　　　　　　　　　　　（混合气过浓）

（2）调整举例，混合气过稀，如图 4-2-12 所示。

①混合气过稀时，泵在原来的转速下会泵入较多的氧，测试室中氧的含量较多，电压值下降。

②加大喷油量。

③同时减少单元泵的工作电流。

④为能使氧传感器电压值尽快恢复到 450 mV 的电压值，减小单元泵的工作电流，使泵入测试室的氧含量减少。

⑤单元泵的工作电流传递给控制单元，控制单元将其折算成氧传感器电压值信号。

五、 氧传感器在实车上的应用（雪佛兰 2013 款科鲁兹 LDE 发动机为例）

雪佛兰 2013 款科鲁兹 LDE 发动机使用的是 4 线氧化锆式氧传感器。

1. 氧传感器实物（图 4-2-13）

图 4-2-13　氧传感器实物图

2. 实车端子及电路图描述（图 4-2-14 和图 4-2-15）

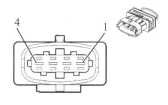

图 4-2-14　科鲁兹氧传感器线束端端子

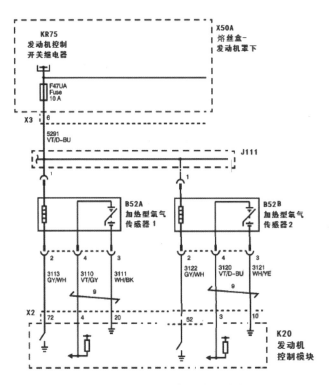

图 4-2-15　雪佛兰科鲁兹氧传感器系统电路图

氧传感器1(前氧传感器)：1—传感器加热器点火电压电路；2—加热器低电平控制电路；

3—传感器低电平参考电压电路(搭铁)；4—传感器测氧反馈信号电路。

氧传感器2(后氧传感器)：与氧传感器1端子信号类型相同，只是端子4传感器测氧反馈信号不一样。

3. 功能描述

(1)前氧传感器用于燃油控制，后氧传感器用于三元催化器工作状况监测。

(2)点火电压电路通过一个熔丝将电压提供给加热器，发动机运行时，ECM利用脉宽调制信号(PWM信号)控制氧传感器加热器低电平电路，使其迅速预热至工作温度。氧传感器在达到工作温度后将周围空气的氧含量与排气流中的氧含量进行比较，向ECM提供准确的电压信号。这就使得系统能更早地进入"闭环"模式，并使ECM更快地计算空燃比，实现燃油控制。

(3)起动发动机后，控制模块在开环模式下运行，ECM忽略氧传感器反馈的信号电压。当发动机进入闭环控制后，ECM根据前氧传感器反馈的信号电压判断混合气浓度，进而对燃油进行调控。氧传感器电压朝1 V方向增加，表示燃油混合气偏浓，电压朝0 V方向减少，表示燃油混合气偏稀。

（4）后氧传感器反馈电压保持在 0.5～0.9 V 之间，表示三元催化器工作正常；电压朝 0 V 方向减少或者和前氧传感器反馈的电压信号基本相同，表示三元催化器损坏。

4. 实车数据测量（表 4-2-1）

表 4-2-1　实车数据测量

作业内容	图解	技术规范
1. 读取氧传感器数据流		**技术要求** 1. 连接 KT600，打开点火开关 2. 按照 KT600 操作流程，读取 HO2S1 和 H02S2 数据流 3. 起动发动机，再次观察"氧传感器 HO2S1 和 H02S2"数据变化
2. 测量前氧传感器加热器电源电压		**技术要求** 1. 关闭点火开关，断开前氧传感器插头连接器 2. 万用表校零，正极接端子 1，负极连接搭铁 3. 将点火开关置于 ON 位置 4. 根据下表中的要求测量

检测仪连接	条件	标准值
1-搭铁	点火开关 ON	车载电池电压

续表

作业内容	图解	技术规范
3. 测量前氧传感器反馈信号电压波形		**技术要求** 1. 关闭点火开关，在氧传感器插头处连接好 T 形线 2. 进入诊断仪示波器测量功能，正极探针连接至端子 3，负极探针连接端子 4 3. 起动车辆，根据下表中的值测量电压波形

检测仪连接	条件	标准值（波形）
3-4	启动发动机	0.1～0.9 V

5. 故障诊断(表 4-2-2)

表 4-2-2　故障诊断

故障可以从以下方面察觉	故障原因	诊断方法
发动机怠速不稳 排放超标 加速不畅 油耗增加 排气管排黑烟 发动机指示灯亮 存储故障码	传感器被污染 插头连接 导线故障 氧传感器损坏 ECM 故障	检查传感器导线、插头和电气接口是否正确连接、断裂和腐蚀 检查传感器外观颜色 读取故障码存储器记录 检测导线 用示波器记录信号 检测氧传感器是否损坏

→ 任务实施

1. 任务准备

（1）设备：每个工位雪佛兰 2013 款科鲁兹(LDE 发动机)实车一辆，车轮挡块，座椅三件套，翼子板护垫及前格栅布 1 套。

（2）工具：每个工位数字万用表 1 只，测试灯 1 只，诊断仪器 1 套，T 形线若干。

（3）辅助工具：抹布若干。

二、实施步骤（表 4-2-3）

表 4-2-3　雪佛兰 2013 款科鲁兹（LDE 发动机）实车电路/系统测试具体检修流程

作业内容	图解	技术规范
1. 断开加热型氧传感器 B52 的线束连接器（此处以 B52A 为例）	线束连接器	**技术要求** 1. 一定要在点火开关关闭的情况下断开加热型氧传感器及连接器 2. 注意连接器断开的方法，一般都有锁止装置，拔下或按下锁扣再将连接器拔下
2. 试灯测试（点火电压 1-搭铁）		**技术要求** 采用合适的 T 形线连接试灯正极与点火电压 1 号端子，检测应符合下列要求 | 检测仪连接	条件	规定状态
试灯连接（1-车身搭铁）	点火开关 ON	亮 | 如果测试灯未点亮，且电路熔丝状态良好，转至步骤 3 如果测试灯未点亮，且电路熔丝状态损坏，转至步骤 4 如果测试灯亮，转至步骤 5
3. 端对端断路检查（1-F47UA 熔丝）		**技术要求** 1. 关闭点火开关 2. 数字万用表先校零，用 200 Ω 测量阻值标准 3. 标准电阻（断路检查） | 检测仪连接	条件	规定状态
1-F47UA	始终	小于 2 Ω | ≥2 Ω，则修理电路中的开路/电阻过大 <2 Ω，确认熔丝未熔断且熔丝处有电压 **特别提醒** 熔丝的位置在 X50 熔丝盒发动机罩下

续表

作业内容	图解	技术规范
4.点火电压线路短路检查（1-搭铁）		**技术要求** 1.关闭点火开关 2.数字万用表先校零，用 200 Ω 测量阻值标准 3.标准电阻 按下表 · ≠∞，则修理电路上的对搭铁短路故障 =∞，测试所有连接至点火电压电路的部件是否短路并在必要时予以更换
5.动作测试（2-1）		**技术要求** 1.采用合适的 T 形线连接点火电压 2 号端子与 1 号端子，试灯正负极两端分别与 2 号和 1 号端子连接 2.连接诊断仪进入动作测试，检测应符合下列要求 按下表 如果测试灯始终熄灭，转至步骤 6 如果测试灯始终点亮，转至步骤 8 点亮并熄灭，转至步骤 9
6.控制电路对电压的短路检查（2-搭铁）		**技术要求** 1.关闭点火开关 2.断开蓄电池负极，断开 K20 发动机控制模块的 X2 线束连接器 3.点火开关置于 ON 4.根据下表中的值用数字万用表直流 20 V 档测量电压 按下表

表格（作业4）:

检测仪连接	条件	规定状态
1-搭铁	始终	∞

表格（作业5）:

检测仪连接	条件	规定状态
试灯连接（2-1）	指令加热型氧传感器加热器打开和关闭	点亮和熄灭

表格（作业6）:

检测仪连接	条件	规定状态
2-搭铁	ON	是否低于 1 V

续表

作业内容	图解	技术规范
		≥1 V 或更高，则修理电路上的对电压短路故障 <1 V，则更换 K20 发动机控制模块
7. 端对端断路检查[2-72(X2)]		**技术要求** 1. 关闭点火开关，断开蓄电池负极，断开 K20 发动机控制模块的 X2 线束连接器 2. 数字万用表先校零，用 200 Ω 测量阻值标准 3. 标准电阻(断路检查) | 检测仪连接	条件	规定状态 | |---|---|---| | 2-72(X2) | 始终 | 小于 2 Ω | ≥2 Ω，则修理电路中的开路/电阻过大 <2 Ω，更换 K20 发动机控制模块
8. 控制电路对搭铁的短路检查(2-搭铁)		**技术要求** 1. 关闭点火开关 2. 断开蓄电池负极，断开 K20 发动机控制模块的 X2 线束连接器 3. 数字万用表先校零，用 200 Ω 测量阻值标准 4. 标准电阻 | 检测仪连接	条件	规定状态 | |---|---|---| | 2-搭铁 | 始终 | ∞ | ≠∞，则修理电路上的对搭铁短路故障 =∞，更换 K20 发动机控制模块 **特别提醒** 禁止用手去触摸电控单元端子
9. 部件测试		**技术要求** 1. 关闭点火开关，断开 B52A 线束连接器 2. 数字万用表先校零，用 200 Ω 测量阻值标准 3. 标准电阻(断路检查)

续表

作业内容	图解	技术规范

检测仪连接	条件	规定状态
1-2	始终	8～20 Ω

若不在 8～20 Ω 之间，更换 B52A 加热型氧传感器

以上是对加热型氧传感器加热器的检测步骤；以下是对加热型氧传感器信号线路的检测步骤

作业内容	图解	技术规范
10. 断开加热型氧传感器 B52 的线束连接器（此处以 B52A 为例）	 线束连接器	**技术要求** 1. 一定要在点火开关关闭的情况下断开加热型氧传感器连接器 2. 注意连接器断开的方法，一般都有锁止装置，拔下或按下锁扣再将连接器拔下 **特别提醒** 可能需要 2 min 才能让所有车辆系统断电
11. 低电平线路的检查（3-搭铁）		**技术要求** 1. 关闭点火开关 2. 数字万用表先校零，用 200 Ω 测量阻值标准 3. 标准电阻（断路检查） 表见下 ≥5 Ω，转至步骤 3 <5 Ω，转至步骤 4 **特别提醒** 禁止用手去触摸电控单元端子
12. 低电平线路端对端断路检查［3-20（X2）］		**技术要求** 1. 关闭点火开关，断蓄电池负极，断 K20 发动机控制模块的 X2 线束连接器 2. 数字万用表先校零，用 200 Ω 测量阻值标准 3. 标准电阻（断路检查） 表见下

步骤11表格：

检测仪连接	条件	规定状态
3-搭铁	始终	小于 5 Ω

步骤12表格：

检测仪连接	条件	规定状态
3-20（X2）	始终	小于 2 Ω

续表

作业内容	图解	技术规范
		≥2 Ω，则修理电路中的开路/电阻过大 <2 Ω，更换 K20 发动机控制模块 **特别提醒** 1. 禁止用手去触摸电控单元端子 2. 注意 X2 的断开方法
13. 信号线路的检查(4-搭铁)		**技术要求** 1. 数字万用表应校零 2. 测电压时，数字万用表选择直流 20 V 档位，正负极一定要与被测部件的正负极一致 3. 标准值 | 检测仪连接 | 条件 | 规定状态 | | 4-车身搭铁 | ON | 1.5~2.5 V | ≤1.5 V，转至步骤 5 >2.5 V，转至步骤 6 在 1.5~2.5 V 之间，全部正常
14. 信号线路对搭铁的短路检查(4-搭铁)		**技术要求** 1. 关闭点火开关 2. 断开蓄电池负极，断开 K20 发动机控制模块的 X2 线束连接器 3. 数字万用表先校零，用 200 Ω 测量阻值标准 4. 标准电阻 | 检测仪连接 | 条件 | 规定状态 | | 4-搭铁 | 始终 | ∞ | ≠∞，则修理电路上的对搭铁短路故障 =∞，则更换 K20 发动机控制模块
15. 信号线路对电压短路的检查(4-搭铁)		**技术要求** 1. 关闭点火开关 2. 断开蓄电池负极，断开 K20 发动机控制模块的 X2 线束连接器 3. 测电压时，数字万用表选择直流 20 V 档位，正负极一定要与被测部件的正负极一致

续表

作业内容	图解	技术规范
		4. 标准值 | 检测仪连接	条件	规定状态
4-车身搭铁	ON	小于 1 V | ≥1 V，则修理电路上的对电压短路故障 <1 V，转至步骤 7
16. 信号线路端对端断路检查[4-4(X2)]		（技术要求） 1. 关闭点火开关，断蓄电池负极，断 K20 发动机控制模块的 X2 线束连接器 2. 数字万用表先校零，用 200 Ω 测量阻值标准 3. 标准电阻（断路检查） | 检测仪连接	条件	规定状态
4-4(X2)	始终	小于 2 Ω | ≥2 Ω，则修理电路中的开路/电阻过大 <2 Ω，更换 K20 发动机控制模块 （特别提醒） 1. 禁止用手去触摸电控单元端子 2. 注意 X2 的断开方法
17. 修复后再次检查故障码和数据流，5S 工作		（技术要求） 设备和现场的整理工作

燃油蒸发排放系统的检修(EVAP)

三　维　目　标

知识与技能目标：

(1)能叙述燃油蒸发排放系统的作用、组成并在实车上指出其安装位置；

(2)会分析燃油蒸发排放系统的工作过程；

(3)会分析蒸发排放电磁阀的控制电路和故障原因；

(4)会进行蒸发排放电磁阀的检修。

过程与方法目标：

(1)学习过程中养成服从指挥的习惯；

(2)养成工作前、工作中和工作后的5S的习惯。

情感态度价值观目标：

(1)学会与同学合作交流，在合作交流的过程中获益；

(2)养成爱岗敬业、团结协作的职业意识。

→ **必备知识**

一、 燃油蒸发排放系统的作用

将燃油系统产生的燃油蒸气收集到活性炭罐中，然后根据发动机工况适时地将其导入进气歧管，使其与正常混合气混合后进入发动机气缸进行燃烧。这样既阻止燃油蒸气直接排入大气，减少环境污染，又能使燃油得到充分利用，节约能源。

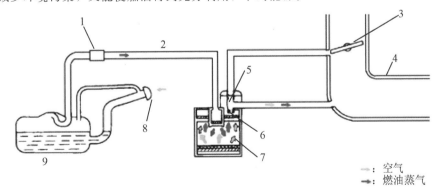

图 4-3-1　燃油蒸气回收装置示意图

1.燃油蒸气单向阀　2.通气管　3.节气门　4.进气歧管　5.通气阀

6.定量通气孔　7.活性炭罐　8.油箱盖　9.燃油箱

二、 燃油蒸发排放控制原理

较早的燃油蒸发排放控制系统利用节气门处的真空度直接控制膜片式通气阀来控制活性炭罐通气量。

这种控制方式的控制精度较低，现已被电子通气量控制装置所取代，其控制系统的基本组成如图 4-3-2 所示。

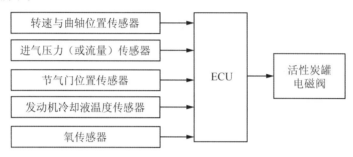

图 4-3-2　燃油蒸发排放控制系统的基本组成

ECU 根据有关传感器的信号判断发动机工况与状态，并输出相应的控制脉冲，通过控制活性炭罐通气电磁阀的开关占空比来调节活性炭罐通气阀的开度，使流经活性炭罐进入进气管的空气流量适应发动机工况、状态变化的需要。

三、 燃油蒸发排放控制系统的组成

燃油蒸发排放控制系统的组成如图 4-3-3 所示，主要由活性炭罐、炭罐吹洗电磁阀和翻滚阀等组成。

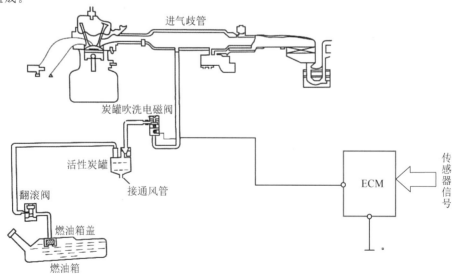

图 4-3-3　电子燃油蒸发控制系统示意图

1. 活性炭罐

活性炭罐中装有活性炭，活性炭可吸附汽油箱中的汽油蒸气，但这种吸附力不强，当有空气流过时，蒸气分子又会脱离，随空气一起进入进气歧管。活性炭罐一般位于发动机舱下部或者靠近燃油箱，其外部结构如图 4-3-4 所示。炭罐有三条管道，分别连接燃油蒸气管（通向燃油箱）、蒸发排放吹洗管（通向进气歧管）和通风管（通向大气）。有些容积较大的燃油箱或使用双燃油箱的车辆可能安装两个活性炭罐。

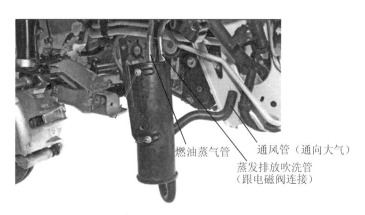

图 4-3-4　活性炭罐外部结构

2. 活性炭罐吹洗电磁阀

三通气口的活性炭罐通气电磁阀，其结构与工作原理与 EGR 电磁阀相似，其作用是根据 ECU 输出的 PWM 信号的占空比来工作，打开或者关闭炭罐中汽油蒸气进入歧管的通道，从而控制汽油蒸气的流量。

3. 翻滚阀

翻滚阀位于蒸发排放蒸气管入口，其作用是将汽油蒸气导出燃油箱并防止液态汽油进入活性炭罐。当车辆处在平坦地面时，翻滚阀导通汽油蒸气进入活性炭罐。当车辆发生事故翻滚时，翻滚阀能够关闭燃油蒸发管路，避免汽油发生泄漏；同时翻滚阀也是空气进入燃油箱的通道，以释放燃油箱内的真空。

四、　电子控制燃油蒸发排放系统的工作原理

ECM 通常只在匀速行驶且发动机进入闭环控制状态时执行炭罐吹洗功能。在节气全开或

冷却液温度低于设定值时，ECM 不会执行炭罐吹洗。当发动机温度达到设定值，炭罐吹洗控制将延迟一段时间，一旦延迟结束，炭罐吹洗将会逐渐开始，这样可以降低额外的燃油进入气缸对空燃比所产生的影响。

当满足炭罐控制电磁阀通电的条件时，发动机 ECU 使控制电磁阀搭铁电路导通，控制电磁阀开启，这时在进气歧管真空吸力的作用下，新鲜空气从活性炭罐的底部进入，经过活性炭罐中的活性炭颗粒，使吸附在活性炭颗粒表面的燃油分子脱附活性炭颗粒，并随新鲜空气流至活性炭罐上方出口，再通过软管进入进气歧管，最后参与燃烧。

当不满足炭罐控制电磁阀通电的条件时，炭罐控制电磁阀关闭，燃油蒸气被存储在活性炭罐中。

五、 蒸发排放（吹洗）电磁阀在实车上的应用（以雪佛莱科鲁兹 2013 款 LDE 为例）

1. 炭罐电磁阀实物及端子认知（图 4-3-5 和图 4-3-6）

图 4-3-5　活性炭罐电磁阀实物图

活性炭罐电磁阀

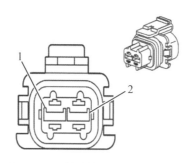

图 4-3-6　活性炭罐电磁阀线束端端子

2. 实车电路图描述（图 4-3-7）

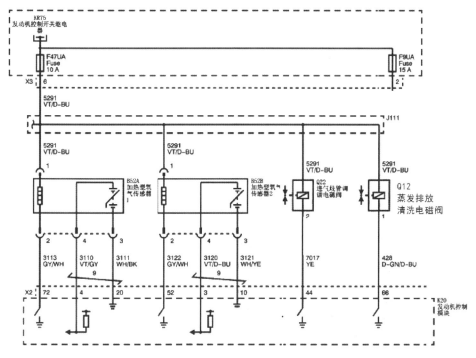

图 4-3-7　雪佛莱科鲁兹 2013 款 LDE 电路图

1. 低电平控制电路　2. 点火电压电路

3. 功能原理描述

点火电压直接提供至蒸发排放吹洗电磁阀，发动机控制模块（ECM）通过脉冲宽度调制（PWM）信号控制吹洗电磁阀电路的搭铁，以控制电磁阀将燃油蒸气从蒸发排放（EVAP）炭罐吹洗至进气歧管。发动机控制模块监测反馈电压，以确定控制电路是否开路、对搭铁短路或对电压短路。

4. 实车数据测量（表 4-3-1）

表 4-3-1　实车数据测量

作业内容	图解	技术规范
1. 动作测试		**技术要求** 1. 连接 KT600，打开点火开关 2. 按照 KT600 操作流程，依次进入功能测试/蒸发排放净化电磁阀 3. 增加或减少蒸发排放电磁阀指令，观察电磁阀是否有声响 **特别提醒** 电磁阀有时候声响比较小，可借助于听诊器之类的工具
2. 测量活性炭罐电磁阀电源电压		**技术要求** 1. 关闭点火开关，断开活性炭罐电磁阀插头连接器 2. 万用表校零，将正极连接至 2 号端子，负极连接搭铁 3. 将点火开关置于 ON 位置 4. 根据下表中的要求测量 表格如下
3. 测量活性炭罐电磁阀控制波形		**技术要求** 1. 关闭点火开关，断开活性炭罐电磁阀线束连接器 2. 在本体与线束端连接好 T 形线，保证元件正常工作 3. 进入诊断仪示波器测量功能，正极探针连接至端子 1，负极探针连接搭铁 4. 起动发动机

检测仪连接	条件	标准值
2-搭铁	点火开关 ON	车载电池电压

续表

作业内容	图解	技术规范
		5. 根据下表中的要求测量波形

检测仪连接	条件	标准值
1-搭铁	起动发动机	左图为活性炭罐没有通风时的波形

5. 故障诊断（表4-3-2）

表 4-3-2　故障诊断

故障可以从以下方面察觉	故障原因	诊断方法
闻到汽油味 发动机指示灯亮 有故障记忆	插头连接 导线故障 活性炭罐堵塞 活性炭罐电磁阀损坏 ECM 故障	检查传感器导线、插头和电气接口是否正确连接、断裂和腐蚀 读取故障码存储器记录 检测导线 检测活性炭罐电磁阀是否损坏 检查活性炭罐是否堵塞 用示波器测量活性炭罐电磁阀的控制信号

→ 任务实施

1. 任务准备

（1）设备：雪佛兰2013款科鲁兹(LDE)实车，每个工位车轮挡块、座椅三件套、翼子板护垫及前格栅布1套。

（2）工具：每个工位数字万用表1只，测试灯1只、诊断仪器1套，带3A的跨接线一根。

（3）辅助工具：抹布若干。

2. **实施步骤**（表 4-3-3）

表 4-3-3　雪佛兰 2013 款科鲁兹（LDE 发动机）实车电路/系统测试具体检修流程

作业内容	图解	技术规范
1. 断开蒸发排放吹洗电磁阀 Q12 的线束连接器	 线束连接器	技术要求 1. 一定要在点火开关关闭的情况下断开蒸发排放吹洗电磁阀 2. 注意连接器断开的方法，一般都有锁止装置，拔下或按下锁扣再将连接器拔下 特别提醒 可能需要 2 min 才能让所有车辆系统断电
2. 试灯测试（点火电压 2-搭铁）		技术要求 1. 采用合适的 T 形线连接试灯正极与点火电压 2 号端子，检测应符合下列要求 检测仪连接 / 条件 / 规定状态 试灯连接（2-车身搭铁）/ 点火开关 ON / 亮 如果测试灯未点亮，且电路熔丝状态良好，转至步骤 3 如果测试灯未点亮，且电路熔丝状态损坏，转至步骤 4 如果测试灯亮，转至步骤 5
3. 端对端断路检查（2-F47UA 熔丝）		技术要求 1. 关闭点火开关 2. 数字万用表先校零，用 200 Ω 测量阻值标准 3. 标准电阻（断路检查） 检测仪连接 / 条件 / 规定状态 2-F47UA / 始终 / 小于 2 Ω ≥2 Ω，则修理电路中的开路/电阻过大 <2 Ω，确认熔丝未熔断且熔丝处有电压 特别提醒 熔丝的位置在 X50 熔丝盒发动机罩下

续表

作业内容	图解	技术规范
4. 点火电压线路短路检查(2-搭铁)		**技术要求** 1. 关闭点火开关 2. 数字万用表先校零,用 200 Ω 测量阻值标准 3. 标准电阻 | 检测仪连接	条件	规定状态
2-搭铁	始终	∞ | ≠∞,则修理电路上的对搭铁短路故障 =∞,测试所有连接至点火电压电路的部件是否短路,并在必要时予以更换
5. 试灯测试(2-1)		**技术要求** 1. 采用合适的 T 形线连接点火电压 2 号端子与 1 号端子,试灯正负极两端分别与 2 号、1 号端子连接,检测应符合下列要求 | 检测仪连接	条件	规定状态
试灯连接(2-1)	点火开关 ON	不亮 | 如果测试灯亮,转至步骤 6 如果测试灯未点亮,拆下测试灯转至步骤 7
6. 低电平控制电路对搭铁的短路检查(1-搭铁)		**技术要求** 1. 关闭点火开关 2. 断开蓄电池负极,断开 K20 发动机控制模块的 X2 线束连接器 3. 数字万用表先校零,用 200 Ω 测量阻值标准 4. 标准电阻 | 检测仪连接	条件	规定状态
1-搭铁	始终	∞ | ≠∞,则修理电路上的对搭铁短路故障 =∞,更换 K20 发动机控制模块 **特别提醒** 禁止用手去触摸电控单元端子

作业内容	图解	技术规范
7. 动作测试		技术要求 1. 连接诊断仪 2. 指令蒸发排放吹洗电磁阀接通 3. 显示值 蒸发排放吹洗电磁阀控制电路电压过高测试状态参数为"正常" 若未显示"正常"转至步骤 8 若显示"正常"转至步骤 9
8. 控制电路对电压的短路检查（1-搭铁）		技术要求 1. 关闭点火开关 2. 断开蓄电池负极，断开 K20 发动机控制模块的 X2 线束连接器 3. 点火开关置于 ON 4. 根据下表中的值用数字万用表直流 20 V 档测量电压 检测仪连接: 1-搭铁 / 条件: ON / 规定状态: 是否低于 1 V ≥1 V 或更高，则修理电路上的对电压短路故障 <1 V，则更换 K20 发动机控制模块
9. 动作测试		技术要求 1. 在控制电路端子 1 和点火电路端子 2 之间安装一条带 3 A 熔丝的跨接线 2. 连接诊断仪 3. 指令蒸发排放吹洗电磁阀接通 4. 显示值 蒸发排放吹洗电磁阀控制电路电压过高，测试状态参数为"故障" 若未显示"故障"转至步骤 10 若显示"故障"转至步骤 11

续表

作业内容	图解	技术规范
10. 端对端断路检查［1-66（X2）］		技术要求 1. 关闭点火开关，断蓄电池负极，断 K20 发动机控制模块的 X2 线束连接器 2. 数字万用表先校零，用 200 Ω 测量阻值标准 3. 标准电阻（断路检查） <table><tr><td>检测仪连接</td><td>条件</td><td>规定状态</td></tr><tr><td>1-66（X2）</td><td>始终</td><td>小于 2 Ω</td></tr></table> ≥2 Ω，则修理电路中的开路/电阻过大 ＜2 Ω，更换 K20 发动机控制模块
11. 蒸发排放吹洗电磁阀静态测试		技术要求 1. 关闭点火开关，断开 Q12 线束连接器 2. 数字万用表先校零，用 200 Ω 测量阻值标准 3. 标准电阻（断路检查） <table><tr><td>检测仪连接</td><td>条件</td><td>规定状态</td></tr><tr><td>1-2</td><td>始终</td><td>10～30 Ω</td></tr></table> 若不在 10～30 Ω 之间，更换 Q12 蒸发排放吹洗电磁阀 若在 10～30 Ω 之间，全部正常
12. 蒸发排放吹洗电磁阀动态测试		技术要求 1. 将点火开关置于关闭位置，断开 Q12 蒸发排放吹洗电磁阀线束连接器 2. 在点火端子 2 和 12 V 电压之间安装一条带 3 A 熔丝的跨接线 3. 在控制端子 1 和搭铁之间安装一条跨接线 4. 确认蒸发排放吹洗电磁阀接通 & 断开/发出"咔嗒"声并流出真空 如果蒸发排放吹洗电磁阀未接通 & 断开/发出"咔嗒"声或流出真空，更换 Q12 蒸发排放吹洗电磁阀。 如果蒸发排放吹洗电磁阀接通 & 断开/发出'咔嗒'声并流出真空，全部正常

续表

作业内容	图解	技术规范
13. 修复后再次检查故障码和数据流，5S工作		**技术要求** 设备和现场的整理工作

→ 工匠精神 ————————————————————————

4. 创新。"工匠精神"还包括追求突破、追求革新的创新内蕴。古往今来，热衷于创新和发明的工匠们一直是世界科技进步的重要推动力量。新中国成立初期，我国涌现出一大批优秀的工匠，如倪志福、郝建秀等，他们为社会主义建设事业做出了突出贡献。改革开放以来，"汉字激光照排系统之父"王选，"中国第一、全球第二的充电电池制造商"王传福，从事高铁研制生产的铁路工人和从事特高压、智能电网研究运行的电力工人等都是"工匠精神"的优秀传承者，他们让中国创新重新影响了世界。

汽车尾气排放检测

三　维　目　标

知识与技能目标：

(1)认识汽车尾气分析仪的作用；

(2)熟悉汽车尾气分析仪的结构；

(3)学会正确操作尾气分析仪；

(4)会对汽车排放尾气分析仪检测出的数据作简要的分析。

过程与方法目标：

(1)学习过程中养成服从指挥的习惯；

(2)养成工作前、工作中和工作后的 5S 的习惯。

情感态度价值观目标：

(1)学会与同学合作交流，在合作交流的过程中获益；

(2)养成爱岗敬业、团结协作的职业意识。

→ 必备知识

一、概述

NHA500 型废气分析仪，能测量机动车排放尾气中的一氧化碳、碳氢化合物、二氧化碳和氧气，并计算出空气过量系数 λ。

NHA500 型废气分析仪，在 NHA400 型仪器的基础上，增加了 NO 的检测功能。

二、仪器结构

正面(图 4-4-1)：

图 4-4-1　NHA500 型废气分析仪正面结构图
1.S 键　2.K 键　3.▲键　4.▼键　5.液晶显示屏

背面(图 4-4-2)：

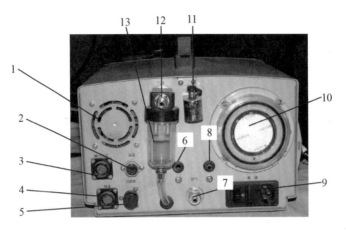

图 4-4-2　NHA500 型废气分析仪背面结构图

1. 冷却风扇　2. 油温信号插座　3. 信号输出插座　4. 转速信号插座　5. 二次过滤器

6. NO 传感器排气口　7. 主排气口　8. O_2 传感器排气口　9. 电源插座及开关

10. 粉尘过滤器　11. 标准气入口　12. 样气入口　13. 分水过滤器

详细说明：

1——冷却风扇：从尾气仪向外排风；

2——油温信号插座：输入油温探头的信号；

3——信号输出插座：与外部计算机通信的 RS232 接口及外接打印机的接口；

4——转速信号插座：输入转速测量钳的信号；

5——二次过滤器：过滤从分水过滤器出水口流出的样水；

6——NO 传感器排气口：NO 排气口；

7——主排气口：

8——O_2 传感器排气口：O_2 排气口

9——电源插座及开关：插座用于 220 V 交流电源，开关用于接通或断开电源，内装 1 A
保险管和电源噪声滤波器；

10——粉尘过滤器：滤纸式过滤器，滤去待测样气中残余的粉尘；

11——标准气入口：校准时插标准气气瓶的入口；

12——样气入口：通过短导管与前置过滤器出口相连，接入样气；

13——分水过滤器：分离待测样气中的油、水，滤去粉尘。

侧面(图 4-4-3):

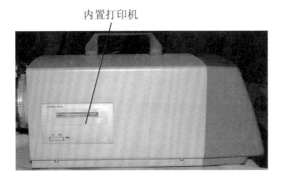

内置打印机

图 4-4-3　NHA500 型废气分析仪正面结构图

三、　尾气异常的可能原因

HC 过高:(1)点火系统故障;(2)混合气过稀而出现缺火;(3)发动机运行温度过低。

CO 过高:(1)PCV 系统阻塞;(2)燃油压力调节器失效。

HC 和 CO 都过高:(1)火花塞被污染而出现缺火;(2)三元催化器不工作。

NOx 过高:(1)EGR 阀不工作;(2)EGR 通道堵塞;(3)发动机冷却系统阻塞、水泵叶轮磨损或其他原因造成的发动机过热;(4)混合气过稀。

⊙ **任务实施** —————————————————————————————

一、　任务准备

(1)设备:每个工位任意车辆一辆或者电控台架一台。

(2)工具:尾气分析仪。

(3)辅助材料:抹布若干。

注意:本任务只是普通的怠速法测量,若要更进一步进行环保检测,必须借助底盘测功机才能实现。

二、 实施步骤（表 4-4-1）

表 4-4-1　实施步骤

作业内容	图解	技术规范
1. 仪器的预热		**技术要求** 　1. 接通仪器的电源开关 　2. 仪器液晶显示屏下部将出现提示："正在预热，请等待×××秒"。正常情况下预热不大于 10 min(600 s)。 　正常情况下预热不大于 10 min(600 s)，仪器只要达到了预热后的技术性能要求，就会自动结束预热状态，并进入下一步
2. 用密封套堵住探头，然后按 K 键		**技术要求** 　仪器预热后自动进行泄漏检查
3. 等待仪器执行检漏程序		**技术要求** 　仪器屏幕显示：正在检漏，……××秒
4. 按 K 键，检漏完毕		**技术要求** 　1. 如有泄漏，将出现提示："有泄漏，请检查，按 K 键再检……"。应仔细检查气路，予以排除 　2. 如无泄漏，会出现提示："OK，按 K 键退出。"

作业内容	图解	技术规范
5. 仪器的调零		技术要求 1. 仪器进入自动调零时，显示屏下部将出现提示："正在调零，请等待……" 2. 如果调零完成，显示屏右下角会显示"OK"。几秒钟后，下部的提示消失，显示屏进入主菜单 3. 如果调零不正常，显示屏下部将显示："调零错误，请查看状态"。几秒钟后，显示屏也将进入主菜单
6. 安装空气滤清器		技术要求 1. 检测发动机机油液位、冷却液液位、制动液液位、蓄电池电压 2. 打开空气滤清器上盖的保险扣，稍用力向上方旋转，将上盖脱离空气滤清器壳体，安装空气滤清器，然后按照相反的顺序安装 注意事项 有字的一侧应朝向上部
7. 车辆的冷却液温度达到 65℃，最好达到 80 ℃		技术要求 1. 被测车辆的怠速应在出厂规定的范围之内 800 ± 30 r/min 2. 关闭空调、暖风等设备的运行 3. 查看仪表板水温表直至规定温度，可以稍微踩下加速踏板，加快冷却液的升温
8. 尾气分析仪背面连接转速测量钳		技术要求 将转速测量钳一端连接至测量仪背面并锁止

作业内容	图解	技术规范
9. 安装转速测量钳		技术要求 将转速测量钳夹另一端在发动机第1缸的火花塞高压线上，使测量钳口背面的箭头指向火花塞 检测范围 若没有分缸线，可以夹在蓄电池上感知转速
10. 尾气分析仪背面连接油温测量探头		技术要求 将油温测量探头一端连接至测量仪背面并锁止
11. 安装油温测量探头		技术要求 油温测量探头另一端插入发动机的润滑油标尺孔中，一直插到探头接触到润滑油为止
12. HC残留物检查		技术要求 仪器提示："正在进行HC残留物检查……××秒"。如合格则显示："HC残留检查OK"；如不合格则显示："HC残留检查超范围，请清洗管道……"

续表

作业内容	图解	技术规范
13. 发动机预热		**技术要求** 　此时将不得触碰加速踏板，同时注意观察屏幕提示
14. 请插入取样探头……		**技术要求** 　将仪器的取样探头插入车辆的排气管中，深度为 400 mm。然后按下屏幕上的 K 键 **注意事项** 　插入取样探头时身体部位避免触碰到排气管
15. 连接尾排		**技术要求** 　接上尾排
16. 取样测量		**技术要求** 　屏幕提示："正在取样……××秒"。取样倒计时结束时，怠速工况下的测量完毕，读取测量数值并记录
17. 取出取样探头放在洁净的空气中		**技术要求** 　将仪器处于测量状态下（这时气泵处于工作状态下）10 min 左右，让洁净的空气通入仪器，清洁管道内残留的排放气体

作业内容	图解	技术规范
18. 从尾气分析仪上取下转速测量钳		技术要求 1. 关闭发动机 2. 从发动机上取下转速测量钳，另一端解除锁止后取出
19. 整理好转速测量钳		技术要求 整理后放好
20. 拔出油温测量探头		技术要求 从发动机上取下油温测量探头，用抹布将测量探头上的机油擦净
21. 尾气分析仪背面取下油温测量探头		技术要求 另一端解除锁止后取出，整理后放好
22. 仪器退出测量程序		技术要求 光标位于"退出"项上时，按一下 K 键，仪器返回到主菜单 注意事项 如果显示屏右下角的流量标尺低于 2 格，流量标尺下方"流量"两个字将会出现闪烁，表示发生气路阻塞，这时仪器的测量功能会被锁定，职能同时按下 S 键和 K 键，显示屏将返回主菜单

续表

作业内容	图解	技术规范
23. 关闭电源	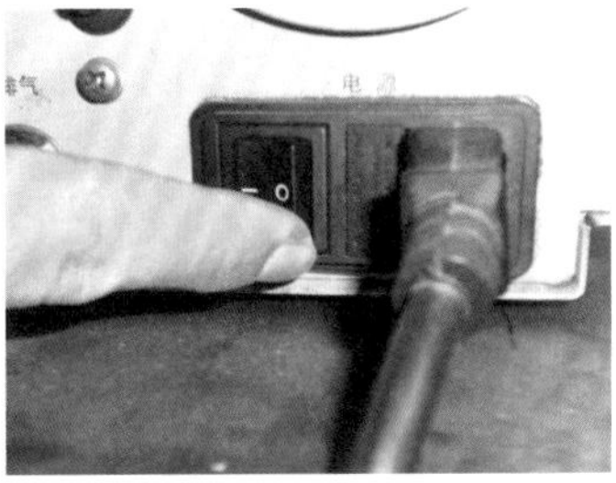	技术要求 关闭电源后，将取样探头一并收回，妥善放好
24.5S 工作	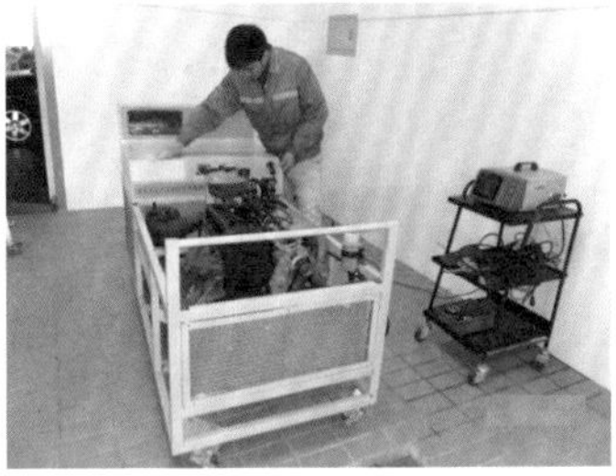	技术要求 设备和现场的整理工作

261

附录　2013 款科鲁兹 LDE 发动机
轿车维修手册部分电路图

发动机控制示意图(2HO 或 LDE)(电源、搭铁、串行数据和故障指示灯)

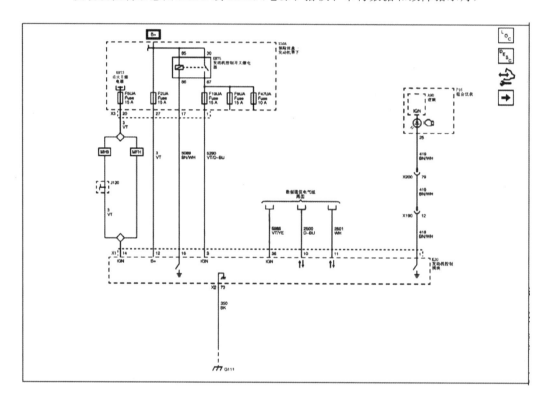

发动机控制示意图(2HO 或 LDE)[5 伏和低电平参考电压总线(第 1 页,共 2 页)]

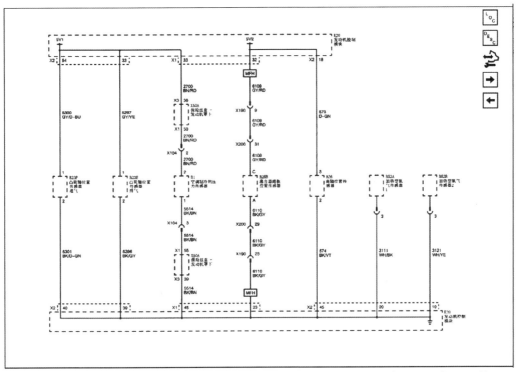

发动机控制示意图(2HO 或 LDE)[5 伏和低电平参考电压总线(第 2 页,共 2 页)]

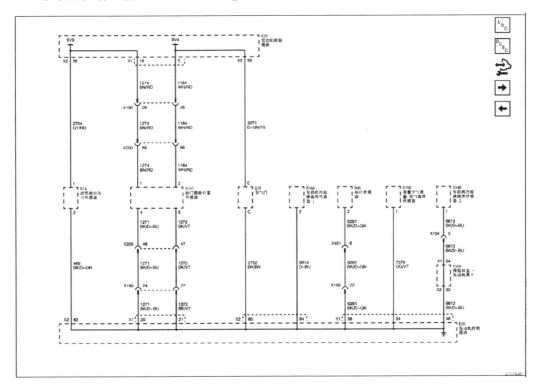

发动机控制示意图(2HO 或 LDE)(发动机数据传感器—压力和温度控制装置)

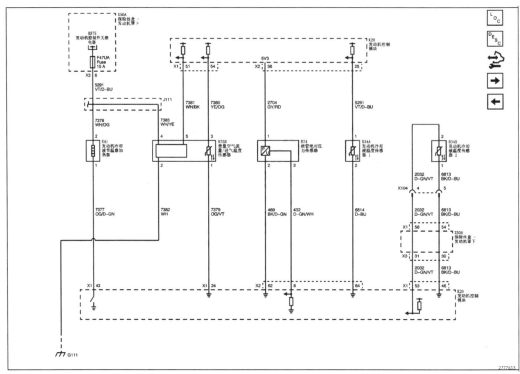

发动机控制示意图(2HO 或 LDE)(发动机数据传感器—节气门控制)

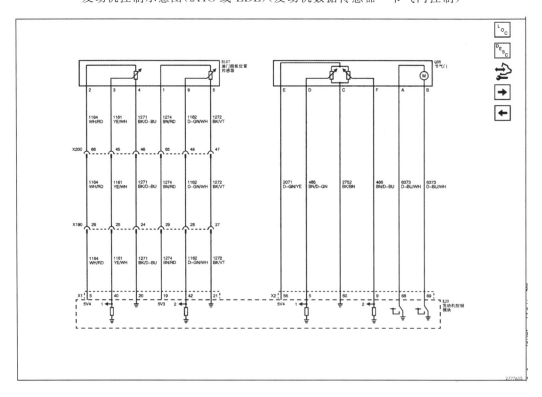

发动机控制示意图(2HO 或 LDE)(氧传感器和点火系统)

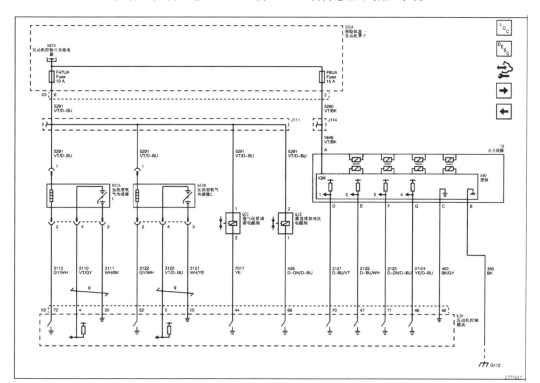

发动机控制示意图(2HO 或 LDE)(点火控制系统—凸轮轴、曲轴、爆震传感器和凸轮轴执行器)

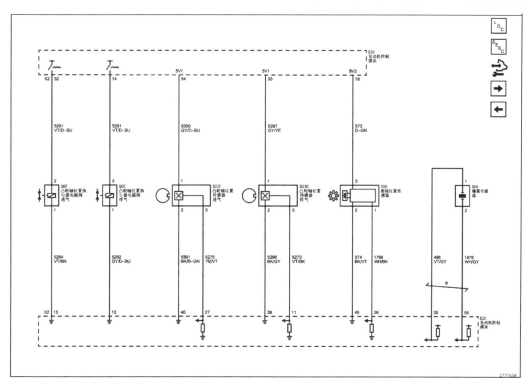

发动机控制示意图(2HO 或 LDE)(燃油控制装置—喷油器和燃油泵)

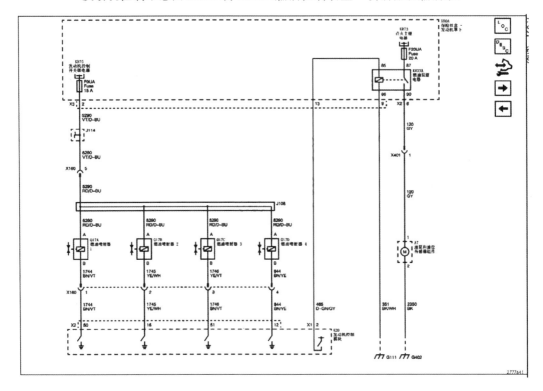

课程评价

同学们，本课程学习结束了，感谢你始终如一的努力学习和积极配合。为了能使我们不断地改进，提高专业教学效果，我们珍视各种建议、创意和批评。为此，我们很乐于了解你对本模块学习的真实看法。当然，这一过程中所收集的数据采用不记名的方式，我们都将保密，且不会透漏给第三方。对于有些问题，只需做出选择，有些问题，则请借助几个关键词给出一个简单的答案。

项目名称： 教师姓名： 课程时间： 年 月 日 — 日 第 周 授课地点：	很满意	满意	一般	不满意	很不满意
项目教学组织的评价	☺		☺		☹
1. 你对实训楼的教学秩序是否满意？	☐	☐	☐	☐	☐
2. 你对实训楼的环境卫生状况是否满意？	☐	☐	☐	☐	☐
3. 你对实训楼学生整体的纪律表现是否满意？	☐	☐	☐	☐	☐
4. 你对你们这一小组的总体表现是否满意？	☐	☐	☐	☐	☐
5. 你对这种理实一体化的教学模式是否满意？	☐	☐	☐	☐	☐
学习教师的评价	☺		☺		☹
6. 你如何评价培训教师？（总体印象/能力/表达能力/说服力）	☐	☐	☐	☐	☐
7. 教师组织培训通俗易懂，结构清晰。	☐	☐	☐	☐	☐
8. 教师非常关注学生的反应。	☐	☐	☐	☐	☐
9. 教师能认真指导学生，对任何学生都不放弃。	☐	☐	☐	☐	☐
10. 你对培训氛围是否满意？	☐	☐	☐	☐	☐
11. 你认为理论和实践的比例分配是否合适？	☐	☐	☐	☐	☐
12. 你对教师在岗情况是否满意？（上课经常不在培训室，接打电话等）	☐	☐	☐	☐	☐

项目名称：　　　　　　教师姓名： 课程时间：　年　月　日　—　日　第　　周 授课地点：	很满意	满意	一般	不满意	很不满意
学习内容的评价	☺		☺		☹
13. 你对培训涉及的题目及内容是否满意？	☐	☐	☐	☐	☐
14. 课程内容是否适合你的知识水平？	☐	☐	☐	☐	☐
15. 培训中使用的各种器材是否丰富？	☐	☐	☐	☐	☐
16. 你对发放的学生手册和学生工作手册是否满意？	☐	☐	☐	☐	☐

请回答下列问题：

1. 在学习组织方面哪些地方还需要进一步改进？

2. 哪些学习内容您特别感兴趣？为什么？

3. 哪些学习内容您不特别感兴趣？为什么？

4. 关于学习内容是否还有你想学但这次没有涉及的？如有，请指出。

5. 你对哪些学习内容比较满意？哪些方面还需要进一步改进？

6. 你希望每次活动都给小组留有一定的讨论时间吗？你认为多长时间较为合适？

7. 通过本课程的学习，你最想对自己说些什么？

8. 通过本课程的学习，你最想对教授本课程的教师说些什么？